아이가 주인공인 책

아이는 스스로 생각하고 성장합니다.
아이를 존중하고 가능성을 믿을 때
새로운 문제들을 스스로 해결해 나갈 수 있습니다.

〈기적의 학습서〉는 아이가 주인공인 책입니다.
탄탄한 실력을 만드는 체계적인 학습법으로
아이의 공부 자신감을 높여줍니다.

가능성과 꿈을 응원해 주세요.
아이가 주인공인 분위기를 만들어 주고,
작은 노력과 땀방울에 큰 박수를 보내 주세요.
〈기적의 학습서〉가 자녀교육에 힘이 되겠습니다.

안녕, 우리는 비법꼬미야.

디자이너 다츠쌤이 우리를 귀엽게 만들어 주셨고,
이름은 길벗스쿨 기적쌤이 지어주셨지.
아직 그렇게 유명하진 않은데...
너희들이 예뻐라 해 주면 우리도 빵 뜨지 않을까? ^^
우리는 이 책에서 예비 초등 0학년을 맡고 있지!
이 책으로 너희들이 독해를 잘하려면 우리가 하는 얘기를 잘 들어줘야 해.
우리가 전수하는 비법대로만 따라 하면 독해 그까짓 거 식은 죽 먹기라고~!
같이 해 보자~~!!

초등 문해력, 읽기로 시작한다!

기적의 독해력

실력편

길벗스쿨

기적의 독해력 P2 예비 초등 실력편

초판 1쇄 발행 2021년 3월 3일
개정 1쇄 발행 2024년 6월 1일

지은이 기적학습연구소
발행인 이종원
발행처 길벗스쿨
출판사 등록일 2006년 6월 16일
주소 서울시 마포구 월드컵로 10길 56(서교동 467-9)
대표 전화 02)332-0931 | **팩스** 02)323-0586
홈페이지 www.gilbutschool.co.kr | **이메일** gilbut@gilbut.co.kr

총괄 신경아(skalion@gilbut.co.kr) | **기획 편집** 박은숙, 유명희, 이은정, 이재숙
제작 이준호, 손일순, 이진혁 | **영업마케팅** 문세연, 박선경, 박다슬 | **웹마케팅** 박달님, 이재윤, 나혜연
영업관리 김명자, 정경화 | **독자지원** 윤정아

표지 디자인 디자인비따 | **본문 디자인** (주)더다츠 | **전산편집** 린 기획
표지 일러스트 이승정 | **본문 일러스트** 김설희
CTP출력 및 인쇄 교보피앤비 | **제본** 신정문화사

ISBN 979-11-6406-678-0 64710
(길벗스쿨 도서번호 10917)
정가 11,000원

독자의 1초를 아껴주는 정성 길벗출판사

길벗스쿨 | 국어학습서, 수학학습서, 유아콘텐츠유닛, 어학학습서, 어린이교양서, 교과서, 길벗스쿨콘텐츠유닛
길벗 | IT실용서, IT/일반 수험서, IT전문서, 어학단행본, 어학수험서, 경제실용서, 취미실용서, 건강실용서, 자녀교육서
더퀘스트 | 인문교양서, 비즈니스서

『기적의 독해력』을 펼친 여러분께 우선 박수를 보냅니다.

이 책은 여러분의 독해력을 키우기 위해 만든 책이에요. '독해력'이 뭐냐고요? 읽을 독(讀), 이해할 해(解), 힘 력(力) 자를 써서, 글을 읽고 이해하는 능력(힘)을 말해요. 지금처럼 이 글을 읽고 무슨 뜻인지 알겠으면 독해가 되고 있다는 거고요. 이 글을 읽고는 있지만 도통 무슨 말인지 모르겠으면 독해가 잘 안되고 있다고 할 수 있죠.

우리는 살면서 많은 글을 읽어요. 그림책, 동화책, 교과서, 하다못해 과자 봉지에 있는 글까지. 그런데 이렇게 많은 글을 읽어도 이해하지 못한다면 얼마나 답답할까요? 글을 읽고 이해가 되어야 깨닫게 되고, 몰랐던 것을 알게 되고, 또 이어질 여러 가지 문제를 해결할 수도 있는데 말이죠.

그래서 '독해'는 모든 공부의 시작이고, '독해력'은 우리가 가져야 할 제일 중요한 능력 중의 하나이지요.

여러분이 펼친 『기적의 독해력』 시리즈는 여러분이 초등 공부를 시작할 때부터 완성할 때까지 함께할 비법서랍니다. 예비 초등학생을 위한 한 문장 독해부터 중학교 입학을 앞둔 6학년을 위한 복합적인 글 독해까지, 기본을 세우고 실력을 다질 수 있는 다양한 유형의 독해 글감과 핵심을 파고드는 문제들을 담고 있어요.

혹시 "글 속에 답이 있다!", "문제에 답이 있다!"라는 말을 들어 보았나요?
『기적의 독해력』 시리즈로 공부하면 여러분은 분명 그 해답을 쉽게 깨치게 됩니다.

잠깐, 쉽다고 대충 하지는 말아요! 글을 꼼꼼히 읽고 내가 잘 읽었는지 찬찬히 떠올리면서 문제까지 수월하게 해결해 나가는 게 가장 핵심이 되는 독해 비법이랍니다. 가끔 문제는 틀려도 돼요. 틀리면서 배우는 게 훨씬 많으니까요!
자, 머뭇거리지 말고 한번 시작해 보세요.

2021년 2월
기적학습연구소 국어팀 일동

독해력, 그것이 알고 싶다!

Q 독해력을 기르려면 무엇부터 해야 할까요?

A 다양한 글을 읽어야지요. 독해력은 하루아침에 길러지는 역량이 아닙니다. 하루에 한 편씩 짧은 글이라도 읽는 습관을 만들어 주는 것이 중요합니다. 또 자신이 읽은 글의 내용을 정리해 본다거나 한 문장으로 요약해 보는 습관을 기른다면 아주 효과적인 독해력 상승을 기대할 수 있습니다. 이 대목에서 '책 읽기'는 두말하면 입 아프겠지요? ^^;

Q 초등 입학 전에 독해 공부가 필요할까요?

A 초등학교에 입학해서 처음 보는 교과서는 기존에 봤던 그림책과는 구조와 수준이 달라서 급격하게 어려움을 느낄 수도 있습니다. 특히 문제 풀이에 어려움을 겪을 수 있으니 간단하고 짧은 글을 읽고, 내용을 이해했는지 가볍게 훑어보며 문제를 푸는 연습을 하면 초등 공부에 큰 도움이 될 것입니다.

Q 읽기는 하는데, 문제를 이해하지 못하는 것 같아요.

A 읽으면 바로 이해할 수 있는 쉬운 문제들도 있지만, 국어 개념이 바탕이 되어야 풀 수 있거나 보기를 읽고 두 번 세 번 확인해 봐야 답을 찾을 수 있는 독해 문제들도 많습니다. 문제를 이해하지 못한다는 것은 1차적으로는 그 문제를 출제한 의도를 파악하지 못하고 있다는 거고요. 그다음엔 어떻게 답을 찾아야 할지 방법을 모르고 있다는 것입니다. 독해도 일종의 기술이 필요한 공부거든요. 무턱대고 읽고 푼다고 해서 독해력이 생기는 것은 아닙니다. 글을 읽는 방법, 문제를 푸는 방법을 알고 있어야 보다 효과적으로 독해의 산을 넘을 수 있습니다.

Q 어휘력도 중요한 거 같은데, 어떻게 길러야 할까요?

A 어휘력은 독해력을 키우는 무기와 같습니다. 글을 잘 읽다가도 낯선 어휘에서 멈칫하거나 그 뜻을 파악하지 못해서 독해가 안되는 경우가 많거든요. 어휘력 역시 단번에 키우긴 어렵습니다. 그래서 독해 훈련을 통해 어휘력을 키우는 방법을 추천합니다. 글을 읽을 때 낯선 어휘를 만나면 문맥의 의미를 파악하는 연습을 꾸준히 하는 거죠. 그래도 모르는 낱말은 그냥 넘어가지 말고 국어사전을 찾아보는 습관을 들이세요.

Q 시중에 나와 있는 독해력 교재가 너무 많더라고요. 어떤 게 좋은 거죠?

A 단연 『기적의 독해력』을 꼽고 싶습니다만, 시중에 나와 있는 독해력 교재들이 모두 훌륭하더군요. 일단은 아이의 수준에 맞게 선택하는 게 가장 현명할 것입니다. 방법을 잘 몰라서 문제 풀이에 어려움을 겪는 친구들은 독해의 기본기를 다룬 쉬운 교재를, 어느 정도 독해가 가능한 친구들은 다양한 문제를 풀어 볼 수 있는 실전 교재를 선택해 보는 것이 좋습니다. (마침 『기적의 독해력』이 딱 그런 구성을 갖추고 있습니다.)

Q 『기적의 독해력』은 어떻게 바뀌었나요?

A 예비 초등(0학년)을 시작으로 6학년까지 학년별로 2권씩 구성되어 있습니다. 단계와 난이도가 종전보다 세분화되었는데요. 특히 독해 문제 풀이에 어려움을 겪는 친구들을 위해 독해 비법을 강화하여 독해의 기본기를 다진 후에 실전 문제로 실력을 완성시킬 수 있도록 구조화하였습니다.

기본편 은 독해의 시작이라 할 수 있는 기본서입니다. 학년별로 16가지의 독해 비법을 담고 있지요. 글의 종류에 따라 읽는 방법과 필수 유형 문제를 효과적으로 푸는 방법을 친절하게 안내하고 있어요.
+ 예비 초등의 경우, 독해를 시작하기 전에 알아 두어야 할 꼼꼼 독해 비법 5가지를 담았습니다.

실력편 은 독해의 완성이라 할 수 있는 실력서입니다. 교과 과정에 맞춘 실전 문제와 최상위 독해로 구성하여 앞서 배운 비법을 그대로 적용하면서 실력을 키울 수 있습니다.
+ 예비 초등의 경우, 짧은 글로 독해 연습을 할 수 있도록 구성하였습니다.

Q 그럼 두 권을 같이 보나요?

A 독해 문제가 익숙하지 않은 친구는 **기본편** 으로 독해의 기초를 탄탄하게 쌓으면 되고요. 독해 문제가 익숙한 친구는 **실력편** 으로 단계를 올려서 실전에 대비하는 것도 필요합니다. 1학기는 **기본편** 으로, 2학기는 **실력편** 으로 촘촘하게 독해력을 키워 보는 것은 어떨까요?

Q **실력편** 의 최상위 독해는 어떤 독해인가요?

A 최상위 독해는 복합 지문과 통합형 문제로 구성된 특별 코너입니다. 일반적인 독해가 단편적인 하나의 글을 읽고, 기본적인 문제를 풀어 가는 것이라면 **실력편** 5일 차에 수록된 복합 지문은 두 가지 이상의 글을 읽고 문제를 해결해야 하는 난이도가 높은 독해입니다. 같은 주제를 다루고 있는 두 편의 글이나 소재는 다르지만 종류는 같은 두 편의 글을 읽고, 통합 사고력 문제를 해결해야 해서 기존의 독해 문제보다는 조금 어려울 수 있습니다.
쉬운 글과 기본 문제만으로는 실력을 키우기 어렵지요. 자신의 수준보다 약간 어려운 문제도 해결하면서 실력을 월등하게 키워 나가길 바랍니다.

Q 『기적의 독서 논술』과는 어떤 차이가 있나요?

A 독해력이 모든 공부의 시작이라면, 독서 논술은 모든 공부의 완성이라 할 수 있습니다. 독해력이 단편적인 글을 읽고 이해하며 적용해 가는 훈련이라면, 독서 논술은 한 편의 긴 글을 읽고, 자신의 생각을 정리해서 표현해 보는 훈련 과정을 거치기 때문에 두 시리즈 모두 국어 실력 향상에는 꼭 필요한 교재랍니다. 한 학년에 독해력 2권, 독서 논술 2권이면 기본과 실력을 모두 갖추게 될 것입니다.

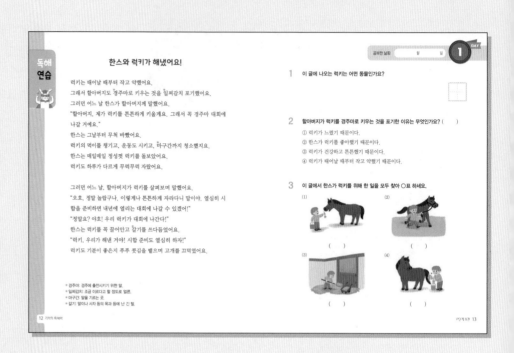

🛡️ 독해 연습

기본편 에서 공부한 내용을 바탕으로 짧은 글 독해 연습을 시작합니다. 실력편 도 하루 4쪽으로 구성되어 있습니다. 글을 꼼꼼하게 읽고, 문제를 풀어 보세요. A에서 연습했던 것처럼 누가, 무엇을, 언제, 어디에서, 어떻게, 왜 하고 있는지 파악하는 기본 문제들로 훈련합니다.

글을 읽고 내용을 이해하면 풀 수 있는 독해 유형입니다. 선택지나 보기에서 답을 찾을 때, 꼼꼼하게 글의 내용과 비교해 보는 연습을 할 수 있도록 지도해 주세요.

⭐ 소리 내어 글을 읽으면서 중요한 내용에 밑줄 긋는 연습도 해 보세요.

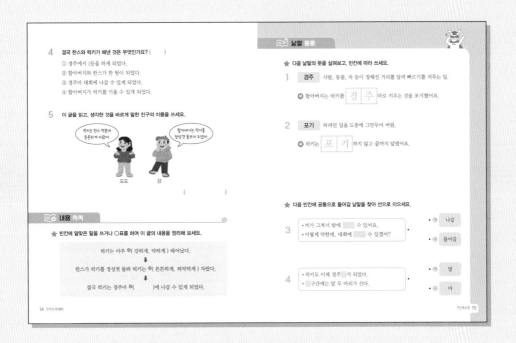

내용 쏙쏙

글의 내용을 정리하는 것은 독해력을 기르기 위한 가장 효율적인 방법입니다. 한 편의 글을 읽고, 주요한 내용을 간략하게 정리하는 연습을 통해 독해력과 사고력을 키울 수 있습니다.

- -

낱말 통통

하루 동안 배운 중요한 어휘들을 따라 써 보기도 하고, 문제로 정리해 볼 수도 있습니다. 어휘력은 독해력을 기르는 무기이므로, 낱말의 뜻과 활용하는 방법을 많이 알수록 독해가 수월해집니다.

차례

출처

글

28쪽 「이른 봄 들에서」 | 문삼석
38쪽 「할머니 입」 | 윤동재
104쪽 「고구마밭」 | 김종상

＊위 작품은 한국문예학술저작권협회의 동의를 얻어 책에 실었습니다.

＊위에 제시되지 않은 이미지는 사용료를 지불하고 셔터스톡 코리아에서 대여했음을 밝힙니다.

＊길벗스쿨은 이 책에 실린 모든 글과 이미지의 출처를 찾기 위해 최선의 노력을 기울였습니다.
　저작권자를 찾지 못해 허락을 받지 못한 글과 이미지는 저작권자가 확인되는 대로 통상의 사용료를 지불하겠습니다.

1주차

한스와 럭키가 해냈어요!

럭키는 태어날 때부터 작고 약했어요.

그래서 할아버지도 *경주마로 키우는 것을 *일찌감치 포기했어요.

그러던 어느 날 한스가 할아버지께 말했어요.

"할아버지, 제가 럭키를 튼튼하게 키울게요. 그래서 꼭 경주마 대회에 나갈 거예요."

한스는 그날부터 무척 바빴어요.

럭키의 먹이를 챙기고, 운동도 시키고, *마구간까지 청소했지요.

한스는 매일매일 정성껏 럭키를 돌보았어요.

럭키도 하루가 다르게 무럭무럭 자랐어요.

그러던 어느 날, 할아버지가 럭키를 살펴보며 말했어요.

"오호, 정말 놀랍구나. 이렇게나 튼튼하게 자라다니 말이야. 열심히 시합을 준비하면 내년에 열리는 대회에 나갈 수 있겠어!"

"정말요? 야호! 우리 럭키가 대회에 나간다!"

한스는 럭키를 꼭 끌어안고 *갈기를 쓰다듬었어요.

"럭키, 우리가 해낸 거야! 시합 준비도 열심히 하자!"

럭키도 기분이 좋은지 푸푸 콧김을 뱉으며 고개를 끄덕였어요.

*경주마: 경주에 출전시키기 위한 말.
*일찌감치: 조금 이르다고 할 정도로 얼른.
*마구간: 말을 기르는 곳.
*갈기: 말이나 사자 등의 목과 등에 난 긴 털.

1 이 글에 나오는 럭키는 어떤 동물인가요?

2 할아버지가 럭키를 경주마로 키우는 것을 포기한 이유는 무엇인가요? (   )

① 럭키가 느렸기 때문이다.

② 한스가 럭키를 좋아했기 때문이다.

③ 럭키가 건강하고 튼튼했기 때문이다.

④ 럭키가 태어날 때부터 작고 약했기 때문이다.

3 이 글에서 한스가 럭키를 위해 한 일을 <u>모두</u> 찾아 ○표 하세요.

(1)

(   )

(2)

(   )

(3)

(   )

(4)

(   )

4 결국 한스와 럭키가 해낸 것은 무엇인가요? (　　　)

① 경주에서 1등을 하게 되었다.

② 할아버지와 한스가 한 팀이 되었다.

③ 경주마 대회에 나갈 수 있게 되었다.

④ 할아버지가 럭키를 키울 수 있게 되었다.

5 이 글을 읽고, 생각한 것을 바르게 말한 친구의 이름을 쓰세요.

럭키는 한스 덕분에 튼튼하게 자랐어.

도도

할아버지는 럭키를 정성껏 돌보아 주셨어.

강

(　　　　　　)

📖👁 내용 쏙쏙 ◎

⭐ 빈칸에 알맞은 말을 쓰거나 ○표를 하여 이 글의 내용을 정리해 보세요.

럭키는 아주 ❶(강하게, 약하게) 태어났다.

⬇

한스가 럭키를 정성껏 돌봐 럭키는 ❷(튼튼하게, 허약하게) 자랐다.

⬇

결국 럭키는 경주마 ❸(　　　　　)에 나갈 수 있게 되었다.

📖 낱말 퉁퉁

★ **다음 낱말의 뜻을 살펴보고, 빈칸에 따라 쓰세요.**

1 **경주** 사람, 동물, 차 등이 정해진 거리를 달려 빠르기를 겨루는 일.

예 할아버지는 럭키를 | 경 | 주 | 마로 키우는 것을 포기했어요.

2 **포기** 하려던 일을 도중에 그만두어 버림.

예 럭키는 | 포 | 기 | 하지 않고 끝까지 달렸어요.

★ **다음 빈칸에 공통으로 들어갈 낱말을 찾아 선으로 이으세요.**

3
• 비가 그쳐서 밖에 [ ] 수 있어요.
• 이렇게 약한데, 대회에 [ ] 수 있겠어?

• ㉮ 나갈

• ㉯ 들어갈

4
• 럭키도 이제 경주 [ ] 가 되었다.
• [ ] 구간에는 말 두 마리가 산다.

• ㉮ 말

• ㉯ 마

"초등학교 입학을 축하해!"

이모가 현우에게 빨간색 로봇이 그려진 책가방을 내밀었어요.

현우가 평소에 좋아하던 로봇이에요.

"우아! 로봇, 로봇 책가방이다!"

현우는 입이 *함지박만 하게 벌어져서는 책가방을 들고 방방 뛰었지요.

"현우야, 잘 맞는지 한번 메 보자."

현우는 책가방을 훌쩍 메고는 거울에 이리저리 비추어 보았어요.

반짝반짝 빛나는 로봇이 무척 멋져 보였지요.

"이모, 마음에 쏙 들어요! ⬚ㄱ⬚!"

현우는 이모한테 와락 안기며 뽀뽀를 퍼부었어요.

"호호, 마음에 든다니 다행이네. 씩씩하게 학교 다닐 수 있지?"

"그럼요! 책가방 로봇이 지켜 주니까 씩씩하게 다닐 수 있어요."

현우의 말에 이모도 크게 웃었어요.

현우는 로봇 책가방을 멜 생각에 초등학교 입학식이 무척 기다려졌답니다.

＊함지박: 통나무의 속을 파서 큰 바가지같이 만든 그릇.

1 현우가 이모에게 받은 선물을 찾아 ○표 하세요.

(1)

(   )

(2)

(   )

(3)

(   )

⚡ '감사합니다.'라고도 하지.

2 ㉠에 들어갈 알맞은 인사말을 완성해 보세요.

고		습			

⚡ 선물을 받았을 때의 기분과 선물을 주었을 때 기분이 어떤지 생각해 봐.

3 선물을 준 이모와 선물을 받은 현우의 기분으로 알맞은 것을 고르세요. (   )

	이모	현우
①	놀람	기쁨
②	설렘	후회
③	기쁨	슬픔
④	기쁨	설렘

4 이 글에서 현우가 초등학교 입학식을 기다린 이유는 무엇일까요? (　　　)

① 버스를 타고 갈 생각에 신이 나서

② 유치원을 졸업할 생각에 신이 나서

③ 로봇 책가방을 멜 생각에 신이 나서

④ 이모랑 같이 학교에 갈 생각에 신이 나서

5 이 글을 읽고 알게 된 점을 바르게 말한 친구의 이름을 쓰세요.

현우는 선물 받은 책가방이 무척 마음에 들었어.

이모는 현우의 생일 선물로 책가방을 준비하셨구나.

하루　　　　　로아

(　　　　　　　　)

📖👀 내용 쏙쏙

⭐ 빈칸에 알맞은 말을 넣어 이 글의 내용을 정리해 보세요.

　　현우는 ❶(　　　　)에게 초등학교 입학 선물로 빨간색 ❷(　　　　)이 그려진 ❸(　　　　　　)을 선물 받았다. 선물이 마음에 들었던 현우는 초등학교 입학식이 기다려졌다.

⭐ **다음 낱말의 뜻을 살펴보고, 빈칸에 따라 쓰세요.**

1 **입학** 학생이 되어 공부하기 위해 학교에 들어감. **반** 졸업

예 곧 초등학교에 | 입 | 학 |을 한다니 무척 설레었어요.

2 **이모** 어머니의 언니나 여동생을 이르거나 부르는 말.

예 엄마는 | 이 | 모 |랑 많이 닮았어요.

⭐ **다음 빈칸에 들어갈 낱말을 보기에서 찾아 써 보세요.**

○ 보기 ○

방방   반짝반짝   와락

3 큰 개가 | | | 덤벼들었다.
↳ 갑자기 행동하는 모양.

4 걸레질 한번에 내 책상이 | | | | | 빛났다.
↳ 작은 빛이 잠깐 잇따라 나타났다가 사라지는 모양.

5 초롱이는 바라던 선물을 받고 기분이 좋아서 | | | 뛰었다.
↳ 계속해서 공중으로 뛰는 모양.

쓸모 있는 동물의 똥

똥은 쓸모도 없고 냄새만 지독한 쓰레기일까요?

아니에요. 동물의 똥은 나라마다 아주 다양하게 쓰인답니다.

우리나라는 예전부터 동물의 똥을 밭의 *거름으로 많이 썼어요. 똥이 빗물에 녹아 땅에 스며들면서 식물이 잘 자라게 도와주거든요. 그림책『강아지 똥』에서 강아지 똥이 나중에 민들레 꽃을 피우는 데 도움이 되었던 것처럼 말이죠. 요즘에는 동물의 똥 중에서도 영양이 풍부한 말똥이 거름으로 가장 인기가 좋아요.

몽골 사람들은 초원에서 가축을 키우며 생활하는데, 가축의 똥을 땔감으로 써요. 나무가 많지 않은 초원에서는 추운 겨울에 땔감이 부족하거든요. 그래서 자신들이 키우는 소, 말 같은 동물의 똥을 모아 말려서 불을 지피지요.

스리랑카와 태국에서는 코끼리의 똥으로 종이를 만든다고 해요. 우선 코끼리 똥을 모아서 물에 풀어지게 한 후에 체로 걸러 내요. 그러면 체에 종이를 만드는 데 필요한 *섬유질이 많이 모이는데, 그것을 얇게 펴 말려서 종이를 만들지요.

나라마다 동물의 똥도 쓰임새가 참 많지요?

＊거름: 식물이 잘 자라도록 땅을 기름지게 하기 위하여 주는 물질. 똥, 오줌, 썩은 동식물, 광물질 따위가 있다.

＊섬유질: 식물에 있는 섬유의 주된 성분을 이루는 물질.

1 이 글은 무엇에 대해 설명하고 있는지 쓰세요.

나라마다 다양한 ☐☐☐ 의 쓰임새

2 거름으로 가장 인기가 좋은 똥은 무엇인가요? (   )

① 소똥   ② 말똥

③ 코끼리 똥   ④ 강아지 똥

3 몽골 사람들은 가축의 똥을 어떻게 사용하나요? (   )

① 소똥을 땔감으로 쓴다.

② 집을 지을 때 흙 대신 사용한다.

③ 말똥을 거름으로 만들어 밭에 뿌린다.

④ 코끼리 똥을 이용하여 종이를 만든다.

4 코끼리 똥으로 종이를 만드는 순서에 맞게 빈칸에 번호를 쓰세요.

(가) 코끼리 똥을 모은다.	(나) 모인 섬유질을 얇게 펴 말린다.	(다) 체로 걸러 섬유질을 모은다.	(라) 물에 코끼리 똥을 풀어지게 한다.
( )	( )	( )	( )

5 이 글을 읽고 알게 된 사실을 바르게 말한 친구의 이름을 쓰세요.

(   )

📖👁 **내용 쏙쏙**　　　　　　　　　　　　　　　　　　　　◎

★ 빈칸에 알맞은 말을 넣어 이 글의 내용을 정리해 보세요.

낱말 통통

★ 다음 낱말의 뜻을 살펴보고, 빈칸에 따라 쓰세요.

1 **체** 가루를 곱게 만들거나 액체에서 찌꺼기를 거르는 데 쓰는 도구.

예 할머니는 쌀가루를 | 체 | 에 내려서 곱게 만드셨어요.

2 **땔감** 불을 때는 데 쓰는 재료.

예 | 땔 | 감 | 이 떨어져 불을 못 때니 방바닥이 차가워요.

★ 다음 빈칸에 들어갈 낱말을 찾아 선으로 이으세요.

3 나무가 많지 않아서 겨울에 불을 지 필 땔감이 [   ] 했어요.
⤷넉넉하지 않다.

• ㉮ 부족

• ㉯ 만족

4 할머니는 땔감으로 불을 [   ].
⤷붙이다.

• ㉮ 껐어요

• ㉯ 지폈어요

안녕하세요?

저는 0학년 김준겸입니다.

우리 누나가 그러는데요.

아직 초등학교에 들어가지 않았으면 0학년이래요.

저는 엄마, 아빠, 누나랑 같이 삽니다.

우리 누나는 저보다 두 살이 많은데, 저한테 심부름을 많이 시켜요.

㉠과자 가져와라, 물 가져와라, 문 닫아라…….

그래서 *만날 누나랑 *티격태격 싸우는 바람에 엄마한테 자주 혼나요.

저는 태권도 할 때가 제일 재미있습니다.

얼마 전에 태권도 도장에서 초록 띠를 땄습니다.

*사범님이 초록 띠를 주실 때 어깨가 으쓱으쓱, 기분이 좋았습니다.

더 열심히 연습해서 검은 띠도 따고 싶습니다.

그리고 누나보다 더 키가 커져서, 누나 코를 납작하게 만들 겁니다.

＊만날: 매일같이 계속하여서.

＊티격태격: 서로 뜻이 맞지 않아 옳고 그름을 따지며 가리는 모양.

＊사범: 태권도나 검도, 바둑 등의 무술이나 기예를 가르치는 사람.

＊코를 납작하게 만들다: 기를 죽이다.

1 '나'에 대한 설명으로 바르지 <u>않은</u> 것은 무엇인가요? (　　　)

① 이름은 김준겸이다.

② 누나랑 자주 싸운다.

③ 가족은 모두 네 명이다.

④ 지금 초등학교에 다닌다.

2 ㉠과 같은 말을 하는 사람을 찾아 ○표 하세요.

(1)

'나'

(　　　)

(2)

누나

(　　　)

(3)

부모님

(　　　)

3 '나'는 언제 제일 재미있다고 했나요? (　　　)

① 태권도 할 때

② 누나랑 놀 때

③ 과자 먹을 때

④ 심부름을 할 때

4 '내'가 바라는 것을 <u>두 가지</u> 고르세요. (   )

① 검은 띠를 따고 싶다.

② 태권도 사범이 되고 싶다.

③ 누나보다 키가 크고 싶다.

④ 누나랑 사이좋게 지내고 싶다.

5 이 글에 대해 바르게 설명한 친구의 이름을 쓰세요.

준겸이는 아빠의 직업도 소개했어.

도도

준겸이가 자기를 소개하고 있어.

로아

(   )

📖 내용 쏙쏙

⭐ 빈칸에 알맞은 말을 쓰거나 ○표를 하여 이 글의 내용을 정리해 보세요.

> '나'의 이름은 '김준겸'이고, ❶(0, 1)학년이다. 엄마, 아빠, 누나랑 사는 데, ❷(   )와 자주 다툰다. '나'는 태권도를 좋아한다. 더 열심히 연습 해서 ❸(초록, 검은) 띠도 따고, 누나보다 키도 더 크고 싶다.

낱말 통통

★ 다음 낱말의 뜻을 살펴보고, 빈칸에 따라 쓰세요.

1 **심부름** 남이 시키는 일을 하여 주는 일.

예 엄마 | 심 | 부 | 름 |으로 우유를 사러 가게에 갔어요.

2 **사범** 태권도나 검도, 바둑 등의 무술이나 기예를 가르치는 사람.

예 태권도 | 사 | 범 |이 멋지게 태권도 시범을 보여 주었어요.

★ 다음 빈칸에 들어갈 낱말을 ○ 보기 ○에서 찾아 써 보세요.

○ 보기 ○

티격태격   으쓱으쓱

3 오빠랑 나는 놀이를 시작하기만 하면 [   ] 싸운다.

↳싸우는 모양을 흉내 낸 말.

4 칭찬을 받으니까 어깨가 [   ] 올라갔다.

↳들렸다 내렸다 하는 모양을 흉내 낸 말.

이른 봄 들에서

문삼석

사르륵
사르륵······

여보세요?
계셔요?

속삭이는
봄비.

소르륵
소르륵······

누구셔요?
나가요.

내다보는
새싹.

1 이 시에 드러난 계절은 언제인가요? (   )

① 봄

② 여름

③ 가을

④ 겨울

2 이 시에서 다음과 같이 말한 것은 누구인지 선으로 이으세요.

(1) | 여보세요? | •

(2) | 나가요. | •

• ㉮ 새싹

• ㉯ 봄비

3 이 시에서 봄비가 가볍게 내리는 소리를 흉내 낸 말을 찾아 쓰세요.

4 이 시를 읽고 떠오르는 장면으로 알맞은 것은 무엇인가요? (　　　)

① 맑게 갠 하늘

② 봄비가 내리는 들판

③ 씨앗을 뿌리는 농부

④ 소나기가 오는 산 속

5 이 시를 읽고, 느낀 점을 바르게 말한 친구는 누구인지 쓰세요.

비 오는 날 시끌벅적한 분위기야.

봄비와 새싹이 사람처럼 대화하는 것 같아.

하루　　　　도도

(　　　　　　　　　　)

📖👁 내용 쏙쏙 ◎

⭐ 빈칸에 알맞은 말을 쓰거나 ○표를 하여 이 시의 내용을 정리해 보세요.

　　　이른 봄 들에 ❶(비 , 눈)가 내리고 땅에서는 ❷(　　　　)이 돋는 풍경을 마치 봄비와 새싹이 대화하는 것처럼 표현한 시이다. '사르륵', '소르륵'과 같은 흉내 내는 말을 사용하여 리듬감이 느껴지면서도 잔잔하고 평화로운 분위기를 나타내고 있다.

낱말 통통

★ 다음 낱말의 뜻을 살펴보고, 빈칸에 따라 쓰세요.

1 **이른**   기준이 되는 때보다 앞서거나 빠른.   **반** 늦은

    예 | 이 | 른 | 아침부터 뜨거운 햇살이 비추고 있었다.

2 **내다보다**   안에서 밖을 보다.

    예 창문 틈으로 밖을 | 내 | 다 | 보 | 다 |.

3 **새싹**   새로 돋아나는 싹.

    예 봄이면 파릇파릇 | 새 | 싹 | 이 돋아난다.

★ 밑줄 친 낱말을 소리나는 대로 썼어요. 바르게 고쳐 써 보세요.

4 보슬보슬 조용히 <u>봄삐</u>가 내려요.

    ➡ | | |

5 아이들은 저희들끼리 모여 무언가를 <u>속싸기고</u> 있어요.

    ➡ | | | | |

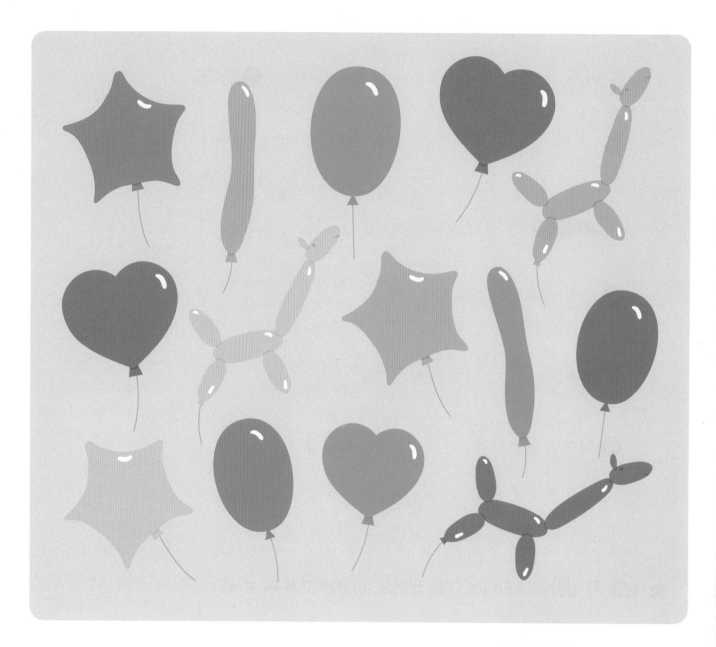

정답 및 해설 15쪽에서 확인하세요.

2주차

	와		

이솝

어느 날 여우는 자신의 생일에 두루미를 집으로 초대했어요.

"두루미야, 정말 맛있는 요리를 대접할게. 우리 집에 꼭 와!"

두루미는 여우의 집에 갔어요. 두루미가 문을 똑똑 두드리자 여우가 문을 열어 주었어요.

"여우야, 초대해 줘서 고마워! 생일을 진심으로 축하해."

"어서 와, 와 줘서 고마워!"

여우는 두루미를 식탁으로 안내했어요. 두루미가 식탁에 앉자, 여우는 평평한 접시에 수프를 담아 내왔어요. 여우가 말했어요.

"두루미야, 맛있게 먹어!"

여우는 접시에 담긴 수프를 맛있게 먹기 시작했어요. 그러나 두루미는 뾰족한 부리 때문에 수프를 한 입도 먹을 수가 없었어요. 여우는 수프를 못 먹는 두루미를 보고는 "왜 안 먹니? 내가 대신 먹어 줄까?"라며 두루미의 수프까지 모두 먹어 버렸어요. ㉠두루미는 여우가 수프를 모두 먹어 치우는 것을 구경만 해야 했어요.

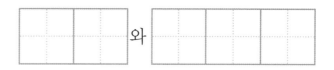
이 글에 나오는 인물은 누구지? 인물은 사람뿐만 아니라 동물이나 식물도 될 수 있어.

1 이 글에 나오는 인물을 생각하며 이야기의 제목을 쓰세요.

		와			

2 언제, 어디에서 일어난 일인지 알맞은 것을 찾아 선으로 이으세요.

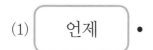

(1) 언제 •

(2) 어디에서 •

• ㉮ 여우의 생일

• ㉯ 두루미의 생일

• ㉰ 여우네 집

• ㉱ 두루미네 집

3 이 글에서 일어난 일로 알맞은 것은 무엇인가요? (   )

① 여우는 두루미와 함께 맛있는 음식을 요리했다.

② 여우는 두루미에게 평평한 접시에 수프를 담아 주었다.

③ 두루미는 배가 아파서 여우가 만든 수프를 먹지 못했다.

④ 두루미는 자신의 생일에 동물 친구들을 집으로 초대했다.

4 ㉠에서 두루미의 마음으로 알맞지 <u>않은</u> 것은 무엇인가요? (   )

① 화난다.   ② 미안하다.

③ 짜증 난다.   ④ 당황스럽다.

5 이 글을 읽고 다음 내용이 맞으면 '예', 틀리면 '아니요'에 ∨표 하세요.

	예	아니요
(1) 두루미는 여우의 생일을 축하해 주었다.	☐	☐
(2) 여우는 두루미가 수프를 먹을 수 있게 도와주었다.	☐	☐
(3) 두루미는 뾰족한 부리 때문에 수프를 먹지 못했다.	☐	☐

📖👀 내용 쏙쏙   ◎

⭐ 빈칸에 알맞은 말을 넣어 이 글의 내용을 정리해 보세요.

여우가 자신의 생일에 두루미를 집으로 초대하여 음식을 대접하였다. 그런데 여우가 음식을 평평한 ❶(   )에 담아서 부리가 뾰족한 두루미는 먹을 수 없었다. 여우는 두루미의 수프까지 다 먹어 버렸고, 두루미는 ❷(   )만 하였다.

✏️ **낱말 통통**

⭐ **다음 낱말의 뜻을 살펴보고, 빈칸에 따라 쓰세요.**

1 **초대** 오라고 손님을 부름.

예 친구를 집으로 | 초 | 대 | 했다.

2 **대접** 음식을 차려서 손님에게 줌.

예 손님에게 맛있는 요리를 | 대 | 접 | 했다.

⭐ **다음 그림과 어울리는 낱말을 ◦보기◦에서 찾아 쓰세요.**

◦ **보기** ◦

평평한   뾰족한

3 접시 위에 피자를 담았어요.

4 엄마는 앞코가 유난히 ⎵⎵⎵ 구두를 샀어요.
↳ 신발의 맨 앞쪽 끝.

할머니 입

윤동재

할머니를 보면
참 우스워요.
세 살배기 내 동생에게
숟가락으로 밥을
떠 넣어 주실 때마다
㉠할머니도
아―
아―
입을 크게 벌리지요.

할머니 입에는
아무것도
넣지 않고.

할머니를 보면
참 우스워요.
세 살배기 내 동생이
밥 한 숟가락
입에 넣고
오물오물거릴 때마다
할머니도
내 동생을 따라
입을 우물우물하지요.

할머니 입에는
아무것도
넣지 않고.

1 이 시에 나오는 사람을 <u>모두</u> 찾아 ○표 하세요.

(1) 책을 읽는 아빠   (   )

(2) 세 살배기 내 동생   (   )

(3) 내 동생에게 밥을 먹이는 할머니   (   )

2 ㉠에서 떠오르는 할머니의 모습으로 알맞은 것은 무엇인가요? (   )

①    ②    ③

3 이 시에서 할머니를 보면 우습다고 한 이유는 무엇인가요? (   )

① 할머니가 동생 입가에 밥풀을 자꾸 묻혀서

② 할머니가 입에 밥을 넣고 입을 우물거려서

③ 할머니가 동생에게 밥을 너무 많이 먹이셔서

④ 할머니가 동생에게 밥을 먹이시면서 동생의 입 모양을 따라 해서

4 이 시의 제목을 바꾸어 쓴다고 할 때, 가장 알맞은 것을 고르세요. (　　　)

① 할머니는 따라쟁이

② 할머니는 개구쟁이

③ 할머니는 욕심쟁이

④ 할머니는 고집쟁이

5 이 시를 읽고 다음 내용이 맞으면 '예', 틀리면 '아니요'에 ∨표 하세요.

	예	아니요
(1) 할머니와 동생이 소꿉놀이를 한다.		
(2) 할머니가 동생에게 밥을 먹이고 있다.		
(3) 할아버지와 형이 함께 밥을 먹고 있다.		

📖 내용 쏙쏙 ◎

⭐ 빈칸에 알맞은 말을 쓰거나 ○표를 하여 이 시의 내용을 정리해 보세요.

> 　이 시는 할머니가 내 ❶(친구, 동생)에게 ❷(약, 밥)을 떠먹이는 모습을 노래했다. 밥을 떠먹이실 때마다 할머니의 입에는 아무것도 넣지 않고 동생의 ❸(　　　) 모양을 따라 하는 할머니의 모습이 그려진다.

★ 다음 낱말의 뜻을 살펴보고, 빈칸에 따라 쓰세요.

1   **우습다**   재미가 있어 웃을 만하다.

   예 꼬마의 엉덩이가 | 우 | 스 | 워 | 서 | 웃음을 참을 수 없었다.

2   **배기**   그 나이를 먹은 아이.

   예 옆집에는 두 살 | 배 | 기 | 아가가 있어요.

3   **우물우물하다**   음식물을 입 안에 넣은 채 삼키지 않고 자꾸 씹다.

   예 동생이 온종일 껌을 | 우 | 물 | 우 | 물 | 하 | 고 | 있어요.

★ 다음 낱말과 짝을 이루는 낱말을 써 보세요.

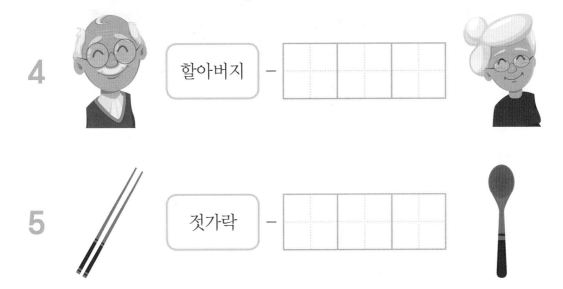

4   할아버지 – | | | |

5   젓가락 – | | |

개는 사람들에게 가장 친근한 동물이다.

개 중에서도 특히 우리에게 도움을 주는 개가 있는데, 수색견, 안내견, 썰매견이 대표적이다.

수색견은 건물이 무너지거나 지진처럼 큰 사고가 일어나 피해가 생겼을 때, 도움이 필요한 사람을 찾는 개이다. 수색견은 다른 동물보다 아주 뛰어난 *후각을 가졌다. 그래서 코로 냄새를 맡으며, 위험에 빠진 사람을 빠르게 찾아낸다.

안내견은 *시각 장애인이나 청각 장애인의 눈과 귀가 되어, 특별한 훈련을 받는다. 앞이 잘 안 보이는 시각 장애인이 안전하게 길을 다닐 수 있도록 돕거나, 소리를 잘 듣지 못하는 *청각 장애인을 위해 대신 소리를 듣고 알려 주기도 한다.

썰매견은 썰매를 끄는 개로, 눈이 많이 오는 지역에 사는 사람들이 짐을 나르거나 이동하는 데 큰 도움을 주는 개이다.

▲ 수색견

▲ 안내견

▲ 썰매견

＊후각: 코로 냄새를 맡는 감각.
＊시각: 눈으로 대상을 보는 감각.
＊청각: 귀로 소리를 듣는 감각.

1 이 글에 나오지 <u>않은</u> 개의 종류를 찾아 ×표 하세요.

(1)   (2)   (3)   (4)

수색견   안내견   애완견   썰매견

(   )   (   )   (   )   (   )

⚡ 수색견은 뛰어난 후각을 가졌다고 했어.

2 수색견이 사람을 찾는 방법을 쓰세요.

▢ 로 ▢▢▢ 를 맡아 사람을 찾는다.

3 안내견과 썰매견이 하는 일을 찾아 선으로 이으세요.

(1) 안내견 •

• ㉮   사람들이 짐을 나르거나 이동하는 것을 도와요.

(2) 썰매견 •

• ㉯   장애인이 안전하게 길을 다닐 수 있도록 안내하거나 도와주어요.

4 이 글의 제목으로 알맞은 것을 고르세요. (   )

① 힘이 센 개   ② 눈이 되어 주는 개

③ 냄새를 잘 맡는 개   ④ 사람을 도와주는 개

5 이 글을 읽고 다음 내용이 맞으면 '예', 틀리면 '아니요'에 ∨표 하세요.

	예	아니요
(1) 개는 사람들에게 가장 친근한 동물이다.		
(2) 개에게 힘든 일을 시키는 사람들이 많다.		
(3) 썰매견은 뛰어난 후각으로 사람을 찾는다.		

📖👁 내용 쏙쏙   ◎

⭐ 빈칸에 알맞은 말을 쓰거나 ○표를 하여 이 글의 내용을 정리해 보세요.

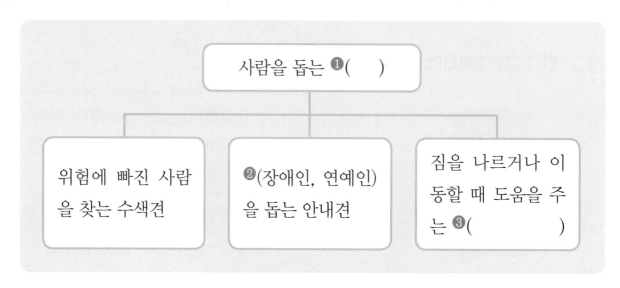

📖 낱말 통통

★ 다음 낱말의 뜻을 살펴보고, 빈칸에 따라 쓰세요.

1 **수색** 구석구석 뒤져서 사람이나 물건 등을 찾음.

예 경찰은 범인이 도망간 산속을 샅샅이 | 수 | 색 | 했어요.

2 **위험** 해로움이나 손실이 생길 우려가 있음. 또는 그런 상태.

예 오랫동안 큰비가 내려 마을이 | 위 | 험 | 에 빠졌어요.

3 **안내** 어떤 내용을 소개하여 알려 줌.

예 직원이 우리를 방으로 | 안 | 내 | 해 주었어요.

★ 다음과 같은 뜻을 가진 낱말을 찾아 선으로 이으세요.

4 코로 냄새를 맡는 감각. •   • ㉮ 시각

5 눈으로 대상을 보는 감각. •   • ㉯ 청각

6 귀로 소리를 듣는 감각. •   • ㉰ 후각

바나나 우유 만들기

재료 (아이 1명 기준)

바나나 1개, 우유 1컵(200ml(밀리리터)), 꿀 1작은술, 얼음 3~4개

만드는 순서

① 바나나는 껍질을 벗겨 한 입 크기로 잘라 주세요.

② 믹서에 바나나와 우유 1컵, 꿀 1작은술, 얼음 3~4개를 함께 넣고 갈아 주세요.

③ 맛있는 바나나 우유가 완성됩니다.

※ 검은 점이 생긴 바나나를 사용하면, 꿀을 넣지 않아도 충분히 단맛이 나요!

1 이 글을 쓴 까닭은 무엇인가요? (　　)

① 바나나 우유를 많이 팔려고

② 바나나 우유의 좋은 점을 알려 주려고

③ 바나나 우유의 나쁜 점을 알려 주려고

④ 바나나 우유를 만드는 방법을 알려 주려고

2 바나나 우유를 만들 때 필요한 재료가 <u>아닌</u> 것은 무엇인가요? (　　)

①
②
③
④

⚡ 아이 1명이 먹을 때 바나나 1개랑 우유 1컵이 필요하다고 했어.

3 아이 3명이 먹을 바나나 우유를 만들 때 필요한 재료의 양을 쓰세요.

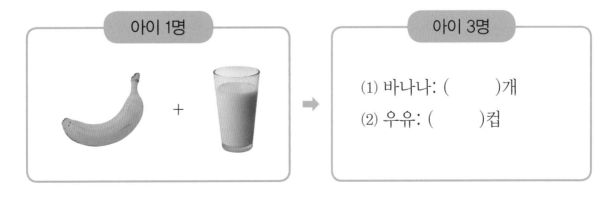

아이 1명

아이 3명

(1) 바나나: (　　)개

(2) 우유: (　　)컵

4 꿀이 없을 때 단맛을 내기 위한 방법은 무엇인지 이 글에서 찾아 쓰세요.

이 생긴 바나나를 사용한다.

5 이 글을 읽고 다음 내용이 맞으면 '예', 틀리면 '아니요'에 ∨표 하세요.

	예	아니요
(1) 바나나는 한 입 크기로 잘라 믹서에 넣는다.	☐	☐
(2) 바나나는 껍질을 벗기지 않은 채 잘라 준다.	☐	☐
(3) 얼음은 바나나 우유를 다 만든 후 넣어 준다.	☐	☐

내용 쏙쏙

⭐ 빈칸에 알맞은 말을 넣어 이 글의 내용을 정리해 보세요.

아이 1명이 먹을 '바나나 우유'를 만들려면, 껍질 벗긴 ❶(   )
1개를 한 입 크기로 잘라서 ❷(   ) 1컵, 꿀 1작은술, 얼음 3~4개와
함께 믹서에 넣고 갈면 완성된다.

📖 **낱말 통통**

⭐ **다음 낱말의 뜻을 살펴보고, 빈칸에 따라 쓰세요.**

1 **기준** 여럿을 비교하거나 나눌 때 기본으로 삼아 따르는 원칙이나 잣대.

예 기준 을 세웠으니 꼭 따르도록 하세요.

2 **벗기다** 과일의 껍질을 긁거나 닦아서 열매에서 떨어지게 하다.

예 칼로 사과 껍질을 벗기다 .

⭐ **다음 낱말의 뜻의 읽고, 빈칸에 들어갈 말을 ○보기○에서 골라 쓰세요.**

○ **보기** ○

잘라   갈아   갈고   잘린

3 **갈다** 곡식, 과일 들을 단단한 것으로 문질러 으깨다.

예 엄마가 사과를 [   ] 주스를 만들어 주셨다.

4 **자르다** 짤막하게 조각을 내거나 끊어 내다.

예 김치를 먹기 좋게 [   ] 담았다.

영화 〈알라딘〉을 보고

나는 오늘 영화 〈알라딘〉을 보고 왔다.

〈알라딘〉에서는 주인공 알라딘이 램프 속에 갇혀 있던 지니를 얼떨결에 꺼내 주고, 램프의 요정 지니는 알라딘의 소원 세 가지를 들어주게 된다.

"주인님, 무슨 소원을 들어드릴까요?"

램프의 요정 지니가 나에게 이렇게 질문한다면 나는 뭐라고 대답할까?

영화를 보는 내내, 지니가 나에게 세 가지 소원을 묻는다면 나는 뭐라고 대답할지 생각해 보았다.

내 첫 번째 소원은 이번 주말에 치킨을 먹고 싶다는 것이고, 두 번째는 수영을 잘하는 것이다. 마지막 소원은 내 짝꿍 민지랑 화해하는 것이다.

하지만 세상에는 지니처럼 소원을 들어주는 요정 따위는 없다. 심지어 영화에서도 지니가 알라딘의 소원을 들어주었지만 알라딘이 바라는 대로 모든 일이 이루어지지는 않았다.

그래서 나는 나의 소원을 이루기 위해 내가 직접 지니가 되기로 했다.

일단 내일 학교에 가서 민지에게 먼저 사과를 해야겠다.

그리고 수영 연습도 열심히 할 것이다.

치킨은……. 지니를 닮은 아빠 앞에서 '치킨 먹고 싶어요. 많이 먹고 싶어요.' 노래를 만들어 불러봐야겠다.

ㅎㅎㅎ.

1 **글쓴이가 오늘 한 일은 무엇인가요? (   )**

① 영화 〈알라딘〉을 보고 왔다.

②『알라딘의 요술 램프』를 읽었다.

③ 친구에게 영화 〈알라딘〉에 대해 들었다.

④ '지니'라는 새로운 친구를 사귀게 되었다.

2 **글쓴이의 소원 세 가지를 찾아 ○표 하세요.**

⑴ 수영을 잘하고 싶다.   (   )

⑵ 주말에 치킨을 먹고 싶다.   (   )

⑶ 짝꿍 민지랑 화해하고 싶다.   (   )

⑷ 키가 엄마보다 더 크고 싶다.   (   )

3 **이 글에 나타난 영화 〈알라딘〉의 내용으로 알맞지 않은 것은 무엇인가요? (   )**

① 주인공은 '알라딘'이다.

② 알라딘이 램프 속에서 지니를 꺼내 주었다.

③ 지니는 알라딘의 소원을 하나도 들어주지 않았다.

④ 알라딘이 바라는 대로 모든 일이 이루어지지는 않았다.

4 글쓴이가 지니가 되어 할 일이라고 볼 수 <u>없는</u> 것은 무엇인가요? (　　　)

① 수영 연습하기
② 아빠에게 전화하기
③ 내일 민지에게 먼저 사과하기
④ 아빠 앞에서 '치킨 먹고 싶어요' 노래 부르기

5 이 글을 읽고 다음 내용이 맞으면 '예', 틀리면 '아니요'에 ∨표 하세요.

	예	아니요
(1) 글쓴이는 〈알라딘〉을 보고 나서 소원을 이루었다.		
(2) 글쓴이는 영화 속 지니가 곧 나타날 거라고 믿고 있다.		
(3) 글쓴이는 영화를 보고 나서 세 가지 소원을 떠올렸다.		

내용 쏙쏙

★ 빈칸에 알맞은 말을 쓰거나 ○표를 하여 이 글의 내용을 정리해 보세요.

　　글쓴이는 영화 〈알라딘〉을 보고 나서 자신의 세 가지 ❶(　　　　)을 떠올린다. 글쓴이는 주말에 치킨을 먹고 싶다는 것과 민지랑 ❷(화해, 놀이)를 하는 것, 수영을 잘하는 것이라고 했다. 그리고 자기가 직접 ❸(　　　　)가 되어 소원을 이룰 수 있게 노력해 보겠다고도 했다.

낱말 통통

★ 다음 낱말의 뜻을 살펴보고, 빈칸에 따라 쓰세요.

1   **화해** 싸움하던 것을 멈추고 서로 가지고 있던 안 좋은 감정을 풀어 없앰.

   ⓔ 유빈이는 어제 싸웠던 친구와 | 화 | 해 | 를 했다.

2   **얼떨결에** 뜻밖의 일을 갑자기 당하거나, 여러 가지 일이 너무 복잡하여
                  정신을 가다듬지 못하는 판에.

   ⓔ 나는 | 얼 | 떨 | 결 | 에 | 마이크를 잡고 노래를 부르게 되었다.

★ 다음 낱말과 뜻이 반대되는 낱말을 ○보기○에서 찾아 쓰세요.

┌─────────────── ○ 보기 ○ ───────────────┐
│   대화   대답   앉다   없다   │
└──┘

3 | 질문 | – | | |

4 | 있다 | – | | |

 **움직임도 같고, 생김새도 똑같은 원숭이 2마리를 찾아 주세요!**

정답 및 해설 15쪽에서 확인하세요.

3주차

ㅂ월 2일 금요일   날씨: 해님이 반짝

제목: 운동회 달리기

    아침부터 학교에 가기 싫었다. 운동회를 하는 날이기 때문이다. 나는 달리기를 잘 못하기 때문에 달리기를 해야 하는 운동회가 너무 싫다.

    학교에 와서 다른 경기를 할 때도 내 머릿속에는 *온통 달리기 걱정뿐이었다. '배가 아프다고 거짓말을 할까?', '몰래 숨어 있다가 달리기가 끝나면 나올까?' 하는 생각도 하였다.

    달리기를 할 차례가 되어 출발선에 섰을 때는 가슴이 두근거렸다. 도망가고 싶었지만 도망갈 수도 없었다. 그냥 꾹 참고 달렸다. 마침내 *결승선에 도착했을 때 나는 깜짝 놀랐다. 당연히 꼴찌를 할 줄 알았는데 2등을 한 것이다.

    나는 기분이 정말 좋았다. 그리고 내가 무척 자랑스러웠다. 이제는 하기 싫은 일이 있을 때 무조건 피하지 말고 최선을 다할 거다.

* 온통: 전부 다.
* 결승선: 달리기 등에서, 순위를 판가름하는 장소에 가로로 치거나 그은 선.

1 어떤 일을 쓴 일기인지 쓰세요.

운동회에서 [ ][ ][ ] 를 한 일

2 글쓴이가 운동회를 싫어한 까닭은 무엇인가요? (   )

① 달리기를 하면 배가 아파서

② 공부를 하는 것이 더 좋아서

③ 운동하는 것을 워낙 싫어해서

④ 잘 못하는 달리기를 해야 해서

3 이 글을 읽고 다음 내용이 맞으면 ○, 틀리면 ×표 하세요.

(1) 글쓴이는 달리기를 하다가 넘어졌다.   (   )

(2) 글쓴이는 달리기가 싫어서 숨어 있었다.   (   )

(3) 글쓴이는 달리기에서 2등한 일을 자랑스러워하였다.   (   )

4 다음과 같을 때 글쓴이의 마음으로 알맞은 것을 찾아 선으로 이으세요.

(1) | 달리기 출발선에 섰을 때 | •

(2) | 2등으로 결승선에 도착했을 때 | •

• ㉮ 놀랐다.

• ㉯ 두근거렸다.

5 이 글을 읽고 바르게 말한 친구의 이름을 쓰세요.

글쓴이가 달리기 연습을 하는 모습이 보기 좋았어.

강

글쓴이는 앞으로 하기 싫은 일도 최선을 다할 거라고 했어.

로아

(   )

📖👁 **내용 쏙쏙**

⭐ 빈칸에 알맞은 말을 넣어 이 글의 내용을 정리해 보세요.

글쓴이의 경험	운동회에서 ❶( )를 해야 하는 것이 싫었지만 꾹 참고 달려서 2등을 함.
글쓴이의 생각이나 느낌	• 기분이 좋았고, 자신이 무척 자랑스러움. • 하기 싫은 일도 피하지 말고 ❷( )을 다해야겠음.

⭐ **다음 낱말의 뜻을 살펴보고, 빈칸에 따라 쓰세요.**

1 **두근거리다** 몹시 놀라거나 불안하여 가슴이 자꾸 뛰다.

(예) 내가 노래할 차례가 되자 가슴이 | 두 | 근 | 거 | 렸 | 다 |.

2 **자랑스럽다** 남에게 드러내어 뽐낼 만한 데가 있다.

(예) 나는 노래를 잘하는 동생이 | 자 | 랑 | 스 | 럽 | 다 |.

⭐ **다음 상황에 어울리는 낱말을 ○보기○에서 골라 쓰세요.**

○ 보기 ○

출발선　　　중앙선　　　결승선

3 | | | |

4 | | | |

밥만 먹는 밥벌레 장군

옛날에 한 총각이 살았어요.

사람들은 밥만 많이 먹고 놀기만 하는 그를 밥벌레 장군이라 불렀지요.

"애야, 이제 너도 다 컸으니, 세상에 나가서 네 힘으로 살아 보렴."

부모님의 말씀에 밥벌레 장군은 집을 나와 떠돌아다녔어요.

그러다 *과부가 혼자 사는 초가집에서 하루를 *묵게 되었어요.

"남편을 죽인 호랑이를 잡아 주세요. 그러면 평생 밥을 해 드릴게요."

과부의 부탁에 밥벌레 장군은 다음날 아침 호랑이를 잡으러 갔어요.

그런데 막상 호랑이를 잡을 생각을 하니 밥벌레 장군은 겁이 났지요.

㉠'으윽, 호랑이야. 나타나지 말아라, 제발!'

밥벌레 장군의 바람과 달리 호랑이가 그의 앞에 모습을 드러냈어요.

"아이고, 무서워! 밥벌레 장군, 살려!"

장군은 *부리나케 나무 위로 도망갔고, 호랑이도 뒤쫓아 껑충 나무 위로 뛰어올랐어요.

밥벌레 장군은 겁에 질려 물똥을 뿌지직, 물똥은 호랑이에게 철퍼덕!

물똥을 뒤집어쓴 호랑이는 놀라 버둥대다 나뭇가지에 찔려 죽고 말았어요.

밥벌레 장군은 이 일로 날마다 맛있는 밥을 먹을 수 있었답니다.

＊과부: 남편이 죽고 나서 남편 없이 사는 여자.

＊묵게: 어떤 곳에서 나그네로 머물게.

＊부리나케: 서둘러서 아주 급하게.

1 **사람들이 총각을 '밥벌레 장군'이라고 부른 이유는 무엇인가요? (   )**

① 밥을 벌레만큼 조금 먹었기 때문이다.

② 밥만 많이 먹고 놀기만 했기 때문이다.

③ 벌레에게 밥을 주는 것을 좋아했기 때문이다.

④ 밥을 많이 먹어서 훗날 장군이 되었기 때문이다.

2 **과부가 밥벌레 장군에게 잡아 달라고 한 동물이 무엇인지 쓰세요.**

3 **이 글을 읽고 다음 내용이 맞으면 ○, 틀리면 ✕표 하세요.**

(1) 과부는 남편이 죽고 나서 혼자 초가집에 살았다.   (   )

(2) 부모님은 밥벌레 장군에게 호랑이를 잡아 오라고 했다.   (   )

(3) 호랑이는 밥벌레 장군이 싼 물똥 때문에 나뭇가지에 찔려 죽었다.   (   )

4 ㉠에서 알 수 있는 밥벌레 장군의 마음으로 알맞은 것은 무엇인가요? (   )

① 호랑이가 무섭다.

② 호랑이를 잡고 싶다.

③ 호랑이를 만나고 싶다.

④ 호랑이처럼 용감해지고 싶다.

5 이 글을 읽고 생각한 것을 바르게 말한 친구의 이름을 쓰세요.

밥벌레 장군은 호랑이를 잡을 만큼 용감한 사람이야.

물똥을 싸서 호랑이를 잡다니, 밥벌레 장군은 운이 좋았어.

강

도도

(   )

🔖 내용 쏙쏙 ◎

⭐ 빈칸에 알맞은 말을 쓰거나 ○표를 하여 이 글의 내용을 정리해 보세요.

> 밥만 많이 먹고 놀기만 해서 ❶(밥벌레, 파리) 장군이라 불리던 총각이 과부의 부탁으로 ❷(   )를 잡으러 갔다. 호랑이를 보고 놀란 밥벌레 장군은 나무 위에서 ❸(   )을 쌌고, 호랑이는 그 물똥을 맞고 버둥대다 떨어져 죽고 말았다.

📒 낱말 통통

★ 다음 낱말의 뜻을 살펴보고, 빈칸에 따라 쓰세요.

1 **묵다** 어떤 곳에서 나그네로 머물다.

예 우리 가족은 여행을 가서 호텔에 며칠 | 묵 | 었 | 어 | 요 | .

2 **평생** 세상에 태어나서 죽을 때까지의 동안.

예 나는 | 평 | 생 | 엄마 아빠랑 같이 살 거예요.

3 **버둥대다** 덩치가 큰 것이 매달리거나 눕거나 앉아서 팔다리를 내저으며 계속 움직이다.

예 덫에 걸린 호랑이가 다리를 | 버 | 둥 | 댔 | 다 | .

★ 다음 뜻을 가진 낱말을 잘못 썼어요. 밑줄 친 낱말을 바르게 고쳐 쓰세요.

○ 보기 ○
서둘러서 아주 급하게.

4 밥벌레 장군은 호랑이가 달려오자 <u>불이나케</u> 나무 위로 도망갔습니다.

➡ | | | | | | |

영화나 책에서 공룡을 본 적이 있나요?

공룡은 아주 먼 옛날 지구에 실제로 살았던 동물이지만, 지금은 살아 있는 공룡을 볼 수가 없어요. 약 6천만 년 전에 지구에서 완전히 사라졌기 때문이지요.

공룡이 *멸종된 이유로는 여러 가지 의견이 많아요. 그중에서 가장 *인정받고 있는 것은 우주에서 지구로 떨어진 별똥별 때문이라는 의견이에요.

그 의견에 따르면, 어느 날 우주로부터 커다란 별똥별이 날아와 공룡이 살고 있던 지구와 부딪치게 되지요. ㉠별똥별과 지구가 부딪치자 지구에는 엄청난 먼지가 일어나게 되었어요. 그리고 엄청난 먼지 때문에 해가 가려졌어요. 햇빛을 받지 못하게 된 지구는 기온이 떨어지고, 동물이나 식물이 견딜 수 없을 만큼 몹시 추워졌어요. 그래서 ⓛ 공룡은 추운 날씨를 견디지 못하고 얼어 죽거나 먹을 것이 없어서 굶어 죽게 되었지요.

* 멸종된: 생물의 한 종류가 아주 없어진.
* 인정받고: 확실히 그렇다고 여김을 받고.

1 **이 글의 제목으로 알맞은 것은 무엇인가요? (　　　)**

① 다시 살아난 공룡

② 지구에 떨어진 공룡

③ 공룡은 왜 사라졌을까

④ 초식 공룡과 육식 공룡

2 **이 글에서 설명한 공룡이 멸종된 이유는 무엇인가요? (　　　)**

① 전염병이 돌았기 때문이다.

② 별똥별과 지구가 부딪쳤기 때문이다.

③ 공룡이 엄청난 먼지를 마셨기 때문이다.

④ 공룡을 잡아먹는 동물이 나타났기 때문이다.

⚡ 별똥별과 지구가 부딪치자 일어난 일을 차례대로 읽어 봐.

3 **㉠ 이후에 일어난 일의 순서에 맞게 (　　　) 안에 번호를 쓰세요.**

(가) 먼지 때문에 해가 가려졌다.	(나) 지구에 엄청난 먼지가 일어났다.	(다) 공룡은 얼어 죽거나 굶어 죽었다.	(라) 햇빛을 받지 못한 지구는 추워졌다.
(　　)	(　　)	(　　)	(　　)

4 ㉡에 들어갈 알맞은 말은 무엇인가요? (   )

① 결국   ② 그러나   ③ 왜냐하면   ④ 그런데도

🔋이 글은 주로 무엇에 대해 설명하고 있는지 생각해 봐.

5 이 글을 읽고 알게 된 사실을 바르게 말한 친구의 이름을 쓰세요.

공룡이 어떻게
생겨났는지 알 것 같아.

공룡은 추위를
견디지 못해서 결국 지구에서
사라진 거야.

하루   로아

(   )

📖 내용 쏙쏙

⭐ 빈칸에 알맞은 말을 쓰거나 ○표를 하여 이 글의 내용을 정리해 보세요.

공룡이 멸종된 이유 중 가장 인정받고 있는 의견은 지구로 떨어진
❶(   ) 때문이라는 것이다. 먼 옛날, 별똥별과 지구가 부딪쳐 생긴
엄청난 ❷(   )가 해를 가렸다. 그러자 지구는 갑자기 ❸(추워졌고,
더워졌고) 공룡은 얼어 죽거나 굶어 죽었다. 그래서 결국 공룡은 지구에서
사라졌다.

⭐ **다음 낱말의 뜻을 살펴보고, 빈칸에 따라 쓰세요.**

1 실제   있는 그대로의 상태나 사실.

예 내가 좋아하는 연예인을 │실│제│ 로 보고 싶어.

2 의견   어떤 대상에 대하여 가지는 생각.

예 어디로 여행을 갈지 사람마다 │의│견│ 이 달랐어요.

3 기온   공기의 따뜻함과 차가움의 정도.

예 │기│온│ 이 오르면 덥고, 기온이 내려가면 추워져요.

⭐ **다음 낱말과 반대의 뜻을 가진 낱말을 찾아 선으로 이으세요.**

4 살다 •   • ㉮ 덥다

5 멀다 •   • ㉯ 가깝다

6 춥다 •   • ㉰ 죽다

어린이 도서관 이용 안내

● **이용 시간**: 오전 9시~오후 5시(화요일~일요일)

● **＊휴관일**: 월요일, 공휴일

● **도서 ＊대출**: 1인당 5권, 14일간 대출 가능

● **주의 사항**

　1. 책을 소중히 다루고, 낙서하거나 ＊훼손하지 않습니다.

　2. 대출 기간을 확인하고, ＊반납하는 날짜를 지킵니다.

　3. ＊열람실 안에서는 큰 소리로 떠들거나 다른 사람에게 피해를 주는 행동은 하지 않습니다.

　4. 열람실은 음식물 ＊반입을 금지합니다.

＊휴관일: 도서관, 미술관, 영화관 등이 문을 열지 않고 업무를 쉬는 날.
＊대출: 돈이나 물건을 빌려주거나 빌림.
＊훼손하지: 무너뜨리거나 깨뜨려 상하게 하지.
＊반납하는: 도로 바치는. 또는 되돌려줌.
＊열람실: 도서관 등에서 책이나 자료를 읽는 방.
＊반입: 물건 따위를 나르며 들여옴. 🈡 반출

1　어디에서 볼 수 있는 안내문인지 고르세요.

(1) ▢ 서점

(2) ▢ 동물원

(3) ▢ 어린이 도서관

(　　)　　　　　　　(　　)　　　　　　　(　　)

2　어린이 도서관을 이용할 수 <u>없는</u> 날은 언제인지 고르세요. (　　)

① 공휴일

② 화요일

③ 토요일

④ 일요일

⚡ 다른 사람들에게 피해가 되는 행동이 무엇일지 생각해 봐.

3　어린이 도서관을 이용하는 방법으로 알맞지 <u>않은</u> 것은 무엇인가요? (　　)

① 책에 그림을 그려요.

② 반납하는 날짜를 지켜요.

③ 큰 소리로 떠들지 않아요.

④ 다른 사람에게 피해를 주는 행동은 하지 않아요.

4 이 안내문의 내용을 잘 지킨 친구를 고르세요.

(1) 그림책 10권을 한번에 빌리려고 하는 주연	(2) 오후 6시에 도서관에 책을 보러 간 지우	(3) 빌린 책을 7일 안에 반납한 새롬
( )	( )	( )

5 이 글을 읽고 알게 된 사실을 바르게 말한 친구의 이름을 쓰세요.

도서관에 어떤 사람들이 오는지 알게 되었어.

도서관을 어떻게 이용해야 하는지 알게 되었어.

도도

강

( )

⭐ 빈칸에 알맞은 말을 쓰거나 ○표를 하여 이 글의 내용을 정리해 보세요.

> 어린이 도서관은 매주 ❶(월요일, 수요일)과 공휴일을 뺀 나머지 날에 오전 9시부터 오후 5시까지 이용할 수 있다. 책은 1인당 5권씩 14일 동안 빌릴 수 있다. 주의 사항으로는 책을 ❷(소중히, 거칠게) 다루고, 반납 날짜를 지킨다. 열람실 안에서는 떠들지 않고, ❸( )을 들고 가면 안 된다.

낱말 통통

★ 다음 낱말의 뜻을 살펴보고, 빈칸에 따라 쓰세요.

1　**공휴일**　국가나 사회에서 정하여 다 함께 쉬는 날.

　　📋 5월은 | 공 | 휴 | 일 | 이 많아서 좋아요.

2　**훼손**　무너뜨리거나 깨뜨려 상하게 함.

　　📋 이 책은 산 지 얼마 안 되었는데 | 훼 | 손 | 이 심해요.

3　**반입**　물건 따위를 나르며 들여옴.　🔴 반출

　　📋 미술관에 들어갈 때는 음료 | 반 | 입 | 이 안 됩니다.

★ 다음 대화에 들어갈 알맞은 낱말을 ◎보기◎에서 찾아 쓰세요.

◎ 보기 ◎

대출　　　대화　　　반입　　　반납

4　현주: 엊그제 도서관에서 | | | 한 책인데, 벌써 다 읽었어요.

5　엄마: 그럼 오늘이라도 가서 | | | 하고, 다른 책을 빌려 오자.

오랜만에 놀이터에 갔다. 그런데 같이 놀 친구들은 없고, 화단과 의자 등에 쓰레기가 *나뒹굴고 있었다. 버려진 마스크, 빈 과자 봉지, 음료수 캔, 어른들이 피우다 버린 담배꽁초까지 쓰레기가 너무 많았다. 깨끗한 놀이터를 만들기 위해 우리 모두 노력해야 한다.

깨끗한 놀이터를 만들어야 하는 까닭은 첫째, 여러 사람이 이용하는 곳이기 때문이다. 놀이터는 많은 어린이와 어른이 함께 머무는 곳이므로, 다른 사람을 위해 자기가 만든 쓰레기는 반드시 집으로 가져가거나 쓰레기통에 버려야 한다.

둘째, *무심코 버린 쓰레기 때문에 위험해질 수 있기 때문이다. 쓰레기 주변에 모여드는 파리나 벌레들 때문에 병균이 옮을 수도 있고, 깨진 유리 조각과 같이 위험한 쓰레기 때문에 놀이터를 이용하는 사람들이 다칠 수 있다.

셋째, 더러운 놀이터에서는 놀고 싶지 않기 때문이다. 놀이터가 더러우면 놀이터를 이용하는 사람들의 ㉠눈살이 찌푸려지고 아이들도 더 이상 놀이터를 찾지 않게 될 수도 있다.

놀이터가 깨끗하면 더 많은 아이들이 더 즐겁게 놀 수 있게 될 것이다.

* 나뒹굴고: 여기저기 어지럽게 흩어져 돌아다니고.
* 무심코: 아무런 뜻이나 생각이 없이.

1 글쓴이가 이 글을 쓴 이유는 무엇인가요? (　　　)

① 놀이터에서 오랜 시간 놀기 위해서

② 쓰레기 때문에 다친 친구를 위로하려고

③ 깨끗한 놀이터가 되길 바라는 마음에서

④ 새로운 놀이터가 생기길 바라는 마음에서

2 이 글에서 말한 놀이터의 쓰레기라 할 수 <u>없는</u> 것에 ×표 하세요.

과자 봉지	마스크	음료수 캔	담배꽁초	공

3 글쓴이가 생각하는 깨끗한 놀이터를 만들어야 하는 까닭이 <u>아닌</u> 것은 무엇인가요?
(　　　)

① 여러 사람이 이용하는 곳이기 때문이다.

② 친구와 사이가 멀어질 수 있기 때문이다.

③ 쓰레기 때문에 위험해질 수 있기 때문이다.

④ 더러운 놀이터에서는 놀고 싶지 않기 때문이다.

⚡ 여기저기 나뒹구는 쓰레기를 보면 사람들이 어떻게 한다고 했는지 생각해 봐.

4 ㉠은 사람들의 어떤 표정을 말하나요? (　　　)

① 　② 　③

5 이 글을 읽고 바르게 말한 친구의 이름을 쓰세요.

(   )

📖 내용 쏙쏙   ◎

⭐ 빈칸에 알맞은 말을 쓰거나 ◯표를 하여 이 글의 내용을 정리해 보세요.

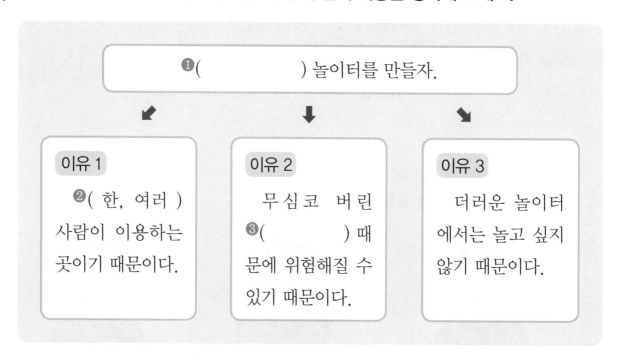

낱말 통통

★ 다음 낱말의 뜻을 살펴보고, 빈칸에 따라 쓰세요.

1 **화단** 꽃을 심기 위하여 흙을 약간 높게 하여 만든 꽃밭.

예 가을의 화 단 은 온통 국화꽃으로 채워졌다.

2 **모여들다** 여럿이 어떤 테두리 안으로 모이다.

예 시장에 사람들이 구름같이 모 여 들 었 어 요 .

3 **무심코** 아무런 뜻이나 생각이 없이.

예 무 심 코 던진 말이 동생의 마음을 아프게 했다.

★ 다음 빈칸에 들어갈 낱말을 찾아 선으로 이으세요.

4 약속한 것을 지켜야 한다. • • ㉮ 나뒹굴고

⌐ 틀림없이 꼭.

5 겨울이 되자 길거리에 낙엽이 있었어요. • • ㉯ 반드시

여기저기 흩어져 돌아다니고.

 **색깔도 같고, 무늬도 같은 우산 2개를 찾아 주세요!**

정답 및 해설 15쪽에서 확인하세요.

4주차

제빵사 백곰의 조수 뽑기

부드럼 빵집의 제빵사 백곰은 오늘도 혼자서 바쁘게 움직였어요.

하루 종일 빵을 만들고, 팔고, 만들고, 팔고 하다가 밀가루를 온몸에 묻힌 채 털썩 주저앉고 말았어요.

'어휴, 혼자서는 안 되겠어. 빵을 같이 만들 조수를 뽑아야지.'

백곰이 조수를 뽑는다는 광고를 빵집 유리창에 붙이자마자 까만 토끼가 조심스럽게 가게 문을 열었어요.

"안녕하세요? 빵 만드는 조수를 뽑는다고 해서 찾아왔어요."

백곰은 까만 토끼를 위아래로 훑어보았어요.

'흠, 저렇게 작고 가는 손으로 맛있는 빵을 만들 수 있을까?'

까만 토끼가 마음에 들지 않았던 백곰은 *퉁명스럽게 대답했어요.

"내 조수가 되려면 빵을 맛있게 만들어야 해요. 한번 만들어 보세요."

까만 토끼는 조용히 주방으로 들어갔어요. 그리고 얼마 뒤, 울퉁불퉁하고 못난 빵을 하나 내밀었어요.

'이런, 맛있어 보이지가 않아.'

하지만 백곰이 까만 토끼의 빵을 입에 넣는 순간! 깜짝 놀랐어요.

"그래, 이 맛이야! 내 조수로 합격, 합격입니다!"

---

* 제빵사: 빵을 만드는 일을 전문으로 하는 사람.
* 조수: 어떤 책임자 밑에서 지도를 받으면서 그 일을 도와주는 사람.
* 퉁명스럽게: 마음이 들지 않아서 태도에 무뚝뚝한 데가 있게.

1 **제빵사 백곰이 조수를 뽑게 된 이유는 무엇인가요?** (   )

① 혼자 일하기 심심해서

② 까만 토끼의 빵이 맛있다고 해서

③ 더 이상 빵을 만들고 싶지 않아서

④ 혼자서 하기에는 일이 너무 많아서

2 **백곰에 대한 설명이면 '백', 까만 토끼에 대한 설명이면 '흑'이라고 써 보세요.**

(1) 부드럼 빵집의 제빵사이다.   (   )

(2) 부드럼 빵집의 조수가 되었다.   (   )

(3) 손이 작고 가늘며 까만 털을 가졌다.   (   )

(4) 하루 종일 빵을 만들고 파느라 바쁘다.   (   )

3 **까만 토끼의 빵을 먹은 후 백곰의 표정으로 알맞은 것을 고르세요.**

(1)

(   )

(2)

(   )

4 이 글 다음에 이어질 내용으로 알맞은 것은 무엇인가요? (   )

① 백곰은 다른 조수를 구했다.

② 까만 토끼는 백곰의 조수가 되지 못했다.

③ 까만 토끼는 제빵사가 되어 백곰을 조수로 뽑았다.

④ 백곰과 까만 토끼는 맛있는 빵을 함께 만들어 팔았다.

5 이 글을 읽고 바르게 말한 친구의 이름을 쓰세요.

백곰은 까만 토끼의 조수가 되었어.

까만 토끼가 만든 빵은 울퉁불퉁 못생겼지만 맛은 최고였나 봐.

도도   하루

(   )

📖👀 **내용 쏙쏙**   ◎

⭐ 빈칸에 알맞은 말을 넣어 이 글의 내용을 정리해 보세요.

> 　제빵사 백곰이 ❶(   )를 뽑는다는 소식에 ❷(   )가
> 찾아왔다. 백곰은 까만 토끼의 작고 가는 손이 마음에 들지 않았지만, 까만
> 토끼가 만든 ❸(   )을 먹어 보고 무척 맛있어서 조수로 합격시켰다.

📖 낱말 통통

⭐ **다음 낱말의 뜻을 살펴보고, 빈칸에 따라 쓰세요.**

1 **조수** 어떤 책임자 밑에서 지도를 받으면서 그 일을 도와주는 사람.

예 과학자는 혼자서 일을 할 수 없어서 | 조 | 수 | 의 도움을 받았어요.

2 **합격** 시험, 검사, 심사 등을 통과함.

예 삼촌은 열심히 노력해서 입사 시험에 | 합 | 격 | 을 했어요.

⭐ **다음 빈칸에 들어갈 낱말을 찾아 선으로 이으세요.**

3 아저씨는 귀찮다는 듯이 〔　　　　〕 손님을 대했어요. •

• ㉮ 조심스럽게

4 엄마는 큰 도자기를 안방으로 〔　　　　〕 옮겼어요. •

• ㉯ 퉁명스럽게

5 가게는 눈코 뜰 새 없이 〔　　　　〕 돌아가고 있어요. •

• ㉰ 바쁘게

502호 아줌마, 아저씨께

안녕하세요? 저는 602호에 사는 정유미라고 해요.

오늘 학교에서 층간 소음*에 대해 배웠어요.

위층에서 시끄럽게 하거나 뛰어다니면 아래층에 사는 사람들이 괴로워할 수 있다고 했어요. 어떤 사람은 층간 소음 때문에 이웃끼리 싸우기도 한대요.

그 이야기를 듣고 저희 아래층에 사시는 아줌마, 아저씨가 생각났어요. 얼마나 죄송했는지 몰라요. 저도 밤늦게 피아노를 친 적도 있고, 집에서 동생과 술래잡기를 한다며 쿵쾅거린 적도 있었거든요.

그동안 시끄럽게 해서 죄송해요. 그리고 아줌마랑 아저씨께서 많이 힘들고 불편하셨을 텐데 참아 주셔서 감사해요.

앞으로는 조금씩 고쳐 나갈게요. 특히 늦은 밤에는 피아노도 안 치고, 집 안에서 쿵쾅거리며 놀지 않을게요. 그리고 엘리베이터에서 마주치면* 반갑게 인사할게요.

그럼 아줌마, 아저씨, 안녕히 계세요!

20○○년 9월 3일
602호 정유미 올림

*층간: 층과 층 사이.
*마주치면: 우연히 서로 만나면.

1 **이 글에 대한 설명으로 틀린 것을 고르세요. (　　　)**

① 이런 글을 '일기'라고 한다.

② 이 글을 언제 썼는지 알 수 있다.

③ 받는 사람과 쓴 사람을 알 수 있다.

④ 하고 싶은 말이 무엇인지 알 수 있다.

⚡502호는 그림에서 어디일까?

2 **유미는 어디에 사는 분께 편지를 썼는지 기호를 쓰세요.**

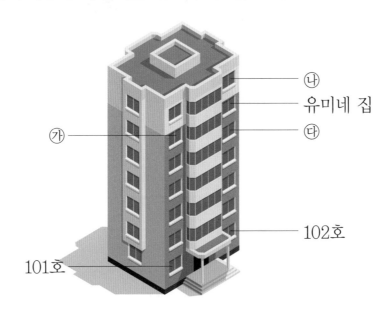

（　　　　　　）

3 **유미가 말한 층간 소음이 아닌 것은 무엇인가요? (　　　)**

4 유미는 편지를 써서 어떤 마음을 전하려고 했는지 <u>두 가지</u>를 고르세요. (   )

① 죄송한 마음   ② 감사한 마음

③ 화가 난 마음   ④ 신이 난 마음

5 이 글을 읽고 생각한 점을 바르게 말한 친구의 이름을 쓰세요.

강

로아

(   )

📖👁 내용 쏙쏙   ◎

⭐ 빈칸에 알맞은 말을 넣어 이 글의 내용을 정리해 보세요.

유미는 학교에서 ❶(   )에 대해 배우고 나서 자신의 행동을 반성하며 아래층에 사시는 아줌마, 아저씨께 ❷(   )를 썼다. 유미는 앞으로 밤늦은 시간에 피아노를 치지 않고, 집 안에서 쿵쾅거리며 놀지 않겠다고 다짐했다.

⭐ **다음 낱말의 뜻을 살펴보고, 빈칸에 따라 쓰세요.**

1 **소음** 시끄러운 소리.

예 공사장 | 소 | 음 | 때문에 공부를 하지 못했다.

2 **불편** 몸이나 마음이 편하지 않고 괴로움.

예 할머니 댁에서 지내지만 | 불 | 편 | 한 것은 없었어요.

⭐ **다음 빈칸에 공통으로 들어갈 글자를 찾아 선으로 이으세요.**

⑦ 음

⑭ 리

3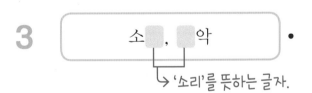

소▨ , ▨악 •

↳ '소리'를 뜻하는 글자.

⑦ 장

⑭ 간

4 층▨ , 중▨ •

↳ '사이'를 뜻하는 글자.

축구

축구는 전 세계적으로 인기 있는 운동 경기 중 하나예요.

두 팀이 발과 머리로 공을 쳐서 상대편 *골에 공을 많이 넣는 것으로 *승패를 겨루는 경기지요.

각 팀은 11명의 선수로 이루어지는데, 그중 1명이 골키퍼예요.

골키퍼는 온몸을 사용해 공이 자기편 골로 들어가는 것을 막아요.

골키퍼를 뺀 나머지 선수들은 주로 발과 머리를 사용하여 공을 차거나 몰고 다니면서 상대편 골에 넣지요. 이때 정해진 구역이 아닌 곳에서는 손과 팔을 사용하면 안 돼요.

또한 경기 중에 상대편 선수를 밀거나 발을 걸어 넘어뜨리거나 하면 반칙이에요. 만약 심하게 반칙을 했을 경우에는 *퇴장을 당할 수도 있지요.

축구장에는 선수뿐만 아니라 누가 반칙을 하는지, 어느 팀의 공인지 등을 알려 주는 *심판이 있어서 경기가 잘 진행될 수 있어요.

축구는 규칙이 비교적 간단하고, 축구공과 공터만 있으면 누구나 쉽게 즐길 수 있어요.

* 골: 축구, 농구, 하키, 핸드볼 등의 경기에서 공을 넣으면 득점하는 공간.
* 승패: 이기고 지는 것을 아울러 이르는 말.
* 퇴장: 경기 중에 선수가 반칙이나 부상 등으로 물러남.
* 심판: 운동 경기에서, 규칙을 지키고 어기는 것이나 승부를 가려내는 사람.

1 축구에 대한 설명으로 알맞지 <u>않은</u> 것은 무엇인가요? (   )

① 어른들만 할 수 있다.

② 전 세계적으로 인기 있는 운동 경기이다.

③ 상대편의 골에 공을 많이 넣으면 승리한다.

④ 팀은 11명의 선수로 이루어지는데, 그중 1명이 골키퍼이다.

⚡축구를 할 때 골키퍼와 나머지 선수들은 무엇을 하는지 생각해 봐.

2 각 선수들의 경기 방식을 찾아 선으로 이으세요.

(1) 골키퍼 •

• ㉮ 발과 머리로 공을 차거나 몬다.

(2) 골키퍼를 뺀 나머지 선수들 •

• ㉯ 자기편 골로 공이 들어가는 것을 온몸으로 막는다.

3 축구 경기에서 심판이 하는 일로 바른 것을 <u>두 가지</u> 고르세요. (   )

① 어느 팀의 공인지 알려 준다.

② 누가 반칙을 하는지 알려 준다.

③ 심하게 반칙을 했을 경우 퇴장하기도 한다.

④ 자기 편 골로 공이 들어가지 않도록 막는다.

4 축구 경기 중에 반칙을 저지른 선수를 골라 ×표 하세요.

(1) 축구공을 상대편의 골로 몰고 박지성 선수

( )

(2) 머리로 상대편의 공을 막은 골키퍼 조현우 선수

( )

(3) 상대 선수의 발을 걸어 넘어뜨린 김동현 선수

( )

5 이 글을 읽고 알게 된 사실을 바르게 말한 친구의 이름을 쓰세요.

축구 경기를 할 때 심판은 11명이 필요해.

축구공과 공터만 있으면 누구나 즐길 수 있는 경기야.

로아

도도

( )

내용 쏙쏙

★ 빈칸에 알맞은 말을 쓰거나 ○표를 하여 이 글의 내용을 정리해 보세요.

❶( )는 상대편의 골로 공을 많이 넣으면 승리하는 운동 경기로, ❷( )는 온몸을 사용할 수 있지만 나머지 선수들은 주로 머리와 발을 사용한다. 경기 중에 상대방을 밀거나 발을 걸어 넘어뜨리면 ❸(반칙이다, 공격이다).

낱말 통통

★ 다음 낱말의 뜻을 살펴보고, 빈칸에 따라 쓰세요.

1 **반칙** 규정이나 규칙 등을 어김.

예 민준이가 게임을 하다 계속 **반 칙** 을 했어요.

2 **퇴장** 경기 중에 선수가 반칙이나 부상으로 물러남.

예 여러 번 반칙을 한 선수가 경기장 밖으로 **퇴 장** 을 당했어요.

★ 다음 빈칸에 들어갈 낱말을 찾아 선으로 이으세요.

3 축█, 농█, 야█ •
    └→ 모두 '공'으로 하는 경기야.

   • ㉮ 구

   • ㉯ 공

4 규█, 반█, 원█ •
    └→ '법칙'을 뜻하지.

   • ㉮ 법

   • ㉯ 칙

세배하는 방법

세배란 설날 아침에 어른들께 하는 첫인사입니다. 세배하는 방법은 남자와 여자가 다릅니다.

남자는 왼손이 오른손의 위로 가게 *양손을 포갠 다음, 손을 눈높이로 올렸다가 내리면서 바닥을 짚으며 엎드립니다. 다시 일어나 손을 눈높이에 올렸다가 배꼽까지 내린 다음 가볍게 고개를 숙이며 인사합니다.

여자는 오른손이 왼손의 위로 가게 하여 양손을 포갠 다음 어깨 높이로 올립니다. 그리고 무릎을 꿇고 앉아 몸을 적당히 굽혔다가 일어난 다음, 올렸던 두 손을 배꼽까지 내리고 가볍게 고개를 숙이며 인사합니다.

이렇게 세배를 하면서 어른들께 ㉠"새해 복 많이 받으세요."와 같은 인사말을 하면 더욱 좋습니다. 세배를 받은 어른은 ㉡"건강하렴."과 같은 *덕담과 함께 세뱃돈을 주시기도 합니다. 세뱃돈을 받을 때도 두 손을 공손히 모아 받고 감사 인사를 합니다.

＊양손: 양쪽 손.
＊덕담: 남이 잘되기를 비는 말. 주로 새해에 많이 나누는 말이다.

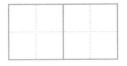
1 '설날 아침에 어른들께 하는 첫인사'를 무엇이라고 하는지 쓰세요.

⚡남자가 세배하는 방법을 순서대로 생각해 봐.

2 남자가 세배하는 방법을 순서대로 번호를 쓰세요.

(가)　　　　　　　(나)　　　　　　　(다)

　(　　)　　　　　(　　)　　　　　(　　)

3 여자가 세배하는 방법을 <u>잘못</u> 설명한 것은 무엇인가요? (　　)

① 오른손이 왼손의 위로 가게 포갠다.

② 양손을 포갠 다음 가슴 높이만큼 올린다.

③ 무릎을 꿇고 앉아 몸을 굽혔다 일어난다.

④ 두 손을 배꼽까지 내리고 가볍게 고개를 숙여 인사한다.

4 ㉠과 ㉡은 각각 누가 하는 말인지 선으로 이으세요.

(1) 새해 복 많이 받으세요.　　•　　　•㉮ 세배를 받은 어른

(2) 건강하렴.　　•　　　•㉯ 세배를 하는 아이

5 이 글을 읽고 알게 된 사실을 바르게 말한 친구의 이름을 쓰세요.

설날에 하는 세배는 남자와 여자가 하는 방법이 다르구나.

하루

설에는 어른들께 세뱃돈을 드리는 거구나.

강

(   )

📖 **내용 쏙쏙**   ◎

⭐ 빈칸에 알맞은 말을 쓰거나 ○표를 하여 이 글의 내용을 정리해 보세요.

세배하는 방법은 남자와 여자가 ❶(같다, 다르다).

남자: ❷(왼손, 오른손)이 위로 가게 양손을 포개고 눈높이로 올렸다가 바닥에 내리면서 엎드린다. 다시 일어나 두 손을 눈높이까지 올렸다가 배꼽까지 내리고 고개를 숙여 인사한다.

여자: 오른손이 위로 가게 양손을 포개고 ❸(   ) 높이로 올린 자세로 무릎을 꿇고 앉아 몸을 적당히 굽힌다. 다시 일어나 올렸던 두 손을 배꼽까지 내리고 고개를 숙여 인사한다.

낱말 통통

★ 다음 낱말의 뜻을 살펴보고, 빈칸에 따라 쓰세요.

1 　**포개다** 　놓인 것 위에 또 놓다.

예 누나는 세배를 하려고 두 손을 가지런히 | 포 | 갰 | 어 | 요 |.

2 　**덕담** 　남이 잘되기를 비는 말.

예 할아버지께서 건강하라는 | 덕 | 담 | 을 해 주셨어요.

★ 다음 낱말과 반대의 뜻을 가진 낱말을 찾아 선으로 이으세요.

3 　남자 ・ 　　　　　　　　　　・ ㉮ 서다

4 　앉다 ・ 　　　　　　　　　　・ ㉯ 내리다

5 　올리다 ・ 　　　　　　　　　　・ ㉰ 여자

6 　다르다 ・ 　　　　　　　　　　・ ㉱ 같다

날 버리지 말아 줘

안녕? 난 얼마 전에 여기에 들어온 쿠쿠야. 7살 치와와지. 주인아저씨가 날 개천에 두고 혼자 가 버렸어.

여기는 *유기견 *보호소야. 나처럼 버려진 강아지나 개가 모여 사는 곳. 아픈 개도 있고, 모두 어딘가 슬퍼 보여. 주인이 채워 준 *목줄을 그대로 하고 있는 친구도 있어. 이름표에 뽀삐라고 적혀 있던데……. 뽀삐의 주인은 왜 뽀삐를 찾지 않는 걸까?

여기 소장님이 그러는데 우리처럼 버려지는 동물이 1년에 10만 마리가 넘는대. 소장님은 참 따뜻한 분이야. 내가 여기 들어왔을 때 목욕도 시켜 주시고, 먹이도 챙겨 주셨어. 여기 있는 친구들은 모두 소장님을 좋아해. 그런데 밤만 되면 다들 주인을 그리워하면서 울거나 짖어대지.

사람들은 우리를 *반려동물이라고 하면서 처음에는 가족처럼 여기다가 키우기 힘들어지면 이렇게 버리더라. 나도 생명을 가진 소중한 존재인데……. 장난감처럼 너무 쉽게 생각하는 것 같아 마음이 아파.

혹시 반려동물을 키울 생각이 있다면 조금 더 신중하게 생각해 주겠니? 지금 반려동물을 키우고 있다면, 끝까지 책임지고 키워 줘. 나처럼 버림받지 않기를…….

＊유기: 보살피거나 관리하지 않고 버림.
＊보호소: 위험이나 곤란 따위가 미치지 아니하도록 잘 보살펴 돌보는 곳.
＊목줄: 개나 고양이 따위의 동물 목에 둘러매는 줄.
＊반려동물: 사람이 정서적으로 의지하고자 가까이 두고 기르는 동물.

1 이 글에 나오는 '나'라고 볼 수 <u>없는</u> 것은 누구인지 고르세요.

| 쿠쿠 | 치와와 | 유기견 | 소장님 |

'개'를 뜻하는 한자어야.

2 '유기견'에 대한 설명으로 맞는 것을 고르세요. (　　　)

① 목줄을 한 강아지
② 주인에게 버림받은 강아지
③ 새로운 주인을 찾은 고양이
④ 한집에서 가족처럼 지내는 동물

3 이 글을 통해 알 수 있는 '나'의 마음이나 생각으로 맞지 <u>않은</u> 것은 무엇인가요?

(　　　)

① 다시 버림받고 싶지 않아.
② 나도 생명을 가진 소중한 존재야.
③ 날 여기 데려다 준 소장님이 미워.

⚡ 반려동물을 키우려면 어떤 마음이 필요할지 생각해 봐.

4 **다음 중 반려동물을 키우기 어려운 사람은 누구일까요?**

(1) 유기견을 여러 마리 기르고 있는 태호네 가족 ( )

(2) 개털 알레르기 때문에 강아지를 버린 적이 있는 철민이 ( )

(3) 반려동물을 끝까지 책임지고 키우겠다 마음 먹은 동원이 ( )

5 **이 글을 읽고 바르게 말한 친구의 이름을 쓰세요.**

길에 버려진 반려동물을 데려다 키우자고 하고 있어.

반려동물을 키우기 전에 신중하게 생각해 달라고 말하고 있어.

로아 강

( )

📖 내용 쏙쏙 ◎

⭐ **빈칸에 알맞은 말을 쓰거나 ○표를 하여 이 글의 내용을 정리해 보세요.**

이 글은 강아지 쿠쿠의 입장에서 쓴 글로 ❶( ) 보호소 이야기를 전하면서, ❷(야생동물, 반려동물)을 키울 계획이 있거나 키우고 있는 사람들에게 신중하게 생각하고 끝까지 책임지고 키워 달라는 부탁을 하고 있다.

낱말 통통

★ 다음 낱말의 뜻을 살펴보고, 빈칸에 따라 쓰세요.

1 **유기견** 주인이 돌보지 않고 내다 버린 개. **비** 길강아지

예 밍키는 떠돌이 유 기 견 이었어요.

2 **신중하다** 매우 조심스럽다.

예 우리 가족은 고양이를 키울지 말지 신 중 하 게 고민했다.

★ 다음 빈칸에 들어갈 낱말을 찾아 선으로 이으세요.

3 낡고 고장난 전자레인지를 쓰레기장에 　　　　. ・ ・㉮ 버릴

4 엄마는 옷장을 정리하면서 　　　 옷들을 한데 모았다. ・ ・㉯ 버렸다

5 화장실 변기에 휴지 말고 다른 것은 　　　　 마세요. ・ ・㉰ 버리지

정답 및 해설 15쪽에서 확인하세요.

5주차

구두장이 할아버지와 꼬마 요정

옛날, 어느 마을에 가난한 구두장이 할아버지와 할머니가 살았어요.

점점 손님도 뜸해지고, 이제 가게에는 구두 한 켤레를 겨우 만들 가죽*밖에 남아 있지 않았어요.

할아버지는 마지막 가죽을 잘라 놓고는 잠자리에 들었어요.

그런데 다음 날, 가게 한 켠에 멋진 구두가 만들어져 있고 어떤 손님이 들어와 그 구두를 좋은 값에 사 간 거예요.

다음 날도, 그다음 날도 누군가 구두를 한 켤레씩 만들어 놓았고, 그 구두들은 *날개 돋친 듯 팔려 나갔어요.

'누가 구두를 만드는지 알아내야 고맙다고 인사라도 하지.'

할아버지와 할머니는 가게 불을 끄고 밤새 벽 뒤에 숨어서 가게 안을 지켜봤어요.

한밤중이 되자, ㉠벌거숭이* 꼬마 요정 둘이 나타나더니 구두를 뚝딱 만드는 거예요. 할아버지와 할머니는 놀랍기도 하고, 고맙기도 했어요.

"영감, 크리스마스에는 우리가 저 꼬마 요정들에게 선물을 합시다."

할아버지와 할머니는 작은 옷 두 벌과 구두 두 켤레를 정성스레 만들어 책상 위에 두었어요.

"우아, 우리 선물인가 봐! 아이, 좋아!"

꼬마 요정들은 옷과 구두를 받고는 무척 좋아했어요.

그 후로 할아버지와 할머니는 부지런히 구두를 만들어 팔면서 행복하게 살았답니다.

*가죽: 동물의 몸을 감싸고 있는 질긴 껍질.
*날개 돋친 듯: 상품이 빠르게 팔려 나감을 이르는 말.
*벌거숭이: 옷을 모두 벗은. 주로 작거나 어린 사람의 알몸뚱이.

1 이 글에 나오는 인물이 <u>아닌</u> 것에 ×표 하세요.

(1)

　(　　　）

(2)

　（　　　）

(3)

　（　　　）

2 구두장이 할아버지에게 일어난 일은 무엇인가요? (　　　)

① 밤새 누군가 옷을 만들어 놓았다.

② 밤새 누군가 가게를 청소해 놓았다.

③ 밤새 누군가 구두를 만들어 놓았다.

④ 밤새 누군가 구두를 몽땅 훔쳐 갔다.

⚡ 누군가 나를 도와주었을 때 나는 무슨 생각이 들었는지 떠올려 봐.

3 ㉠을 본 할아버지의 생각으로 알맞은 것은 무엇인가요? (　　　)

① 어휴, 무서워!

② 정말 고맙구나.

③ 혼을 내 주어야겠어.

4 이 글의 분위기로 알맞은 것은 무엇인가요? (   )

① 어둡고 무섭다.

② 조용하고 쓸쓸하다.

③ 따뜻하고 행복하다.

④ 시끄럽고 어지럽다.

5 이 글의 내용에 대해 바르게 말한 친구는 누구인지 쓰세요.

강: 할머니가 요정들에게 부탁해서 몰래 할아버지를 도운 이야기야.

도도: 구두장이 할아버지는 요정들 덕분에 구두를 다시 만들 수 있었어.

(   )

내용 쏙쏙

★ 빈칸에 알맞은 말을 쓰거나 ○표를 하여 이 글의 내용을 정리해 보세요.

어느 날, 벌거숭이 요정들이 ❶(부유한, 가난한) 구두장이 할아버지의 가게에 몰래 찾아와 ❷(   )를 만들어 놓고 갔고, 이를 알게 된 할아버지와 할머니는 고마운 마음에 요정들에게 구두와 옷을 ❸(선물했다, 빼앗았다).

📖 낱말 퉁퉁

★ 다음 낱말의 뜻을 살펴보고, 빈칸에 따라 쓰세요.

1 **구두장이** 구두를 만들거나 고치는 일을 직업으로 하는 사람.

예 | 구 | 두 | 장 | 이 | 는 열심히 구두를 만들었어요.

2 **벌거숭이** 옷을 죄다 벗은 알몸뚱이.

예 꼬마는 | 벌 | 거 | 숭 | 이 | 가 된 채로 집 안을 돌아다녔어요.

★ 다음은 수를 세는 단위예요. 그림과 어울리는 말을 ◯ 보기 ◯에서 찾아 쓰세요.

◯ 보기 ◯

켤레   벌   개   명

3 모자 다섯 ☐

4 옷걸이에 걸린 옷 여섯 ☐

5 손님 두 ☐

6 신발 다섯 ☐☐

고구마밭

김종상

멧돼지를 *막으려고
아빠가 고구마밭에
라디오를 켜 놓았어요.

심심한 멧돼지가
라디오를 들으려고
친구까지 데리고 왔어요.

하룻밤 사이에
밭의 고구마를
*몽땅 ㉠먹어 버렸어요.

＊막으려고: 외부의 공격이나 침입 따위에 버티어 지키려고.
＊몽땅: 있는 대로 모두 다.

1 다음과 같은 일을 한 인물은 누구인가요? (   )

> 멧돼지를 막으려고 고구마밭에 라디오를 켜 놓았어요.

① 아빠   ② 멧돼지   ③ 할머니   ④ 할아버지

┌→ 시 속에서 이야기하는 사람을 말해.

2 ⟨말하는 이⟩는 멧돼지가 왜 고구마밭에 친구를 데리고 왔다고 생각했나요? (   )

① 잠을 자려고

② 밥을 먹으려고

③ 고구마를 같이 캐려고

④ 심심해서 라디오를 들으려고

3 멧돼지가 고구마밭에 와서 한 일은 무엇인가요? (   )

① 고구마밭에서 놀았어요.

② 라디오를 망가뜨렸어요.

③ 고구마를 먹어 버렸어요.

④ 음악에 맞춰 춤을 췄어요.

4 ㉠과 바꾸어 쓸 수 있는 말은 무엇인가요? (   )

① 먹어 치웠어요

② 먹고 남겼어요

③ 먹기 싫었어요

④ 먹지 못했어요

5 이 시를 읽고 떠오르는 장면을 바르게 말한 친구의 이름을 쓰세요.

아빠가 멧돼지에게 먹이를 주는 장면이 떠올라.

멧돼지들이 고구마를 먹어 치우는 장면이 떠올라.

하루

로아

(   )

📖👁 **내용 쏙쏙**   ◎

⭐ 빈칸에 알맞은 말을 넣어 이 시의 내용을 정리해 보세요.

아빠는 ❶(   )를 막으려고 고구마밭에 라디오를 켜 놓으셨
다. 그런데 멧돼지는 ❷(   )를 들으려고 친구까지 데리고 와서
❸(   )를 몽땅 먹어 버렸다.

낱말 통통

⭐ 다음 낱말의 뜻을 살펴보고, 빈칸에 따라 쓰세요.

1 **밭** 곡식이나 채소 들을 심고 가꾸는 땅.

예 농부들이 　밭　 에 씨를 뿌리고 있어요.

2 **몽땅** 있는 대로 모두 다.

예 내가 남긴 떡볶이를 오빠가 　몽　땅　 먹어 치웠다.

⭐ 다음 문장에 어울리는 낱말을 〇 보기 〇에서 찾아 쓰세요.

〇 보기 〇
켰다 　　　 데리고 　　　 막았다

3 아침에 잠을 깨려고 라디오를 크게 ⬚⬚.

4 강아지를 ⬚⬚⬚ 산책을 나갔다.

5 악당의 공격을 가까스로 ⬚⬚⬚.

전주 한옥 마을에 다녀와서

우리 가족은 지난 주말에 전주 한옥 마을에 다녀왔다.

누나가 예쁜 한복을 입고 싶다고 말했기 때문이다.

그곳에는 맛있는 먹을거리도 많아서 나도 무척 기대가 되었다.

드디어 전주 한옥 마을에 도착!

골목으로 들어서자마자 가장 눈길을 끈 것은 양옆으로 늘어선 한옥이었다. 멋스러운 한옥 사이로 알록달록 한복을 입은 사람들이 오가는 모습을 보니 꼭 옛날로 돌아간 것 같은 *착각이 들었다.

"우리도 한복부터 빌려 입어요!"

누나의 다그침에 우리는 서둘러 한복 *대여점으로 향했다.

누나가 이 한복 골랐다, 저 한복 골랐다 변덕을 부리는 바람에 온가족이 오래 기다려야 했다.

우리는 한복을 곱게 차려 입고 한옥 마을의 *골목골목을 돌아다니며 한지로 만든 장식품, 부채 등을 구경했다. 또 전주에서 유명하다는 비빔밥과 콩나물 해장국도 먹었는데 엄마가 특히 좋아하셨다. 나는 초코 빵이 가장 맛있었다.

전주 한옥 마을을 구경하면서 오늘날과 옛날이 *어우러진 멋진 곳이라고 생각했다.

다음에 또 전주 한옥 마을에 놀러 오고 싶은 마음이 들었다.

＊착각: 어떤 사물이나 사실을 실제와 다르게 잘못 느끼거나 생각함.
＊대여점: 돈을 받고 물건을 빌려주는 가게.
＊골목골목: 각각의 골목. 또는 모든 골목.
＊어우러진: 여럿이 한데 모여 조화를 이루거나 섞인.

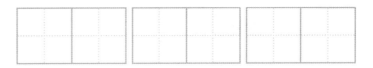

1   글쓴이와 가족은 어디에 다녀왔는지 쓰세요.

2   글쓴이와 가족이 전주 한옥 마을에서 가장 먼저 한 일을 찾아 ○표 하세요.

⑴ 한옥을 지었다.   (   )

⑵ 한복을 빌려 입었다.   (   )

⑶ 먹을 것을 사 먹었다.   (   )

⑷ 한지로 만든 장식품을 구경했다.   (   )

3   글쓴이와 가족이 전주 한옥 마을에서 보지 <u>못한</u> 것은 무엇인가요? (   )

① 알록달록 한복

② 멋스러운 한옥

③ 한지로 만든 부채

④ 한복을 입은 외국인

⚡ '나'는 늘어선 한옥과 한복을 입은 사람들을 보며 무슨 생각을 했는지 찾아봐.

4 글쓴이가 전주 한옥 마을을 구경하며 느낀 점은 무엇인가요? (   )

① 꼭 옛날로 돌아간 것 같아요.

② 아주 지루한 곳이에요.

③ 무서운 곳이에요.

5 이 글을 읽고 다음 내용이 맞으면 ○, 틀리면 ✕표 하세요.

(1) 한복 대여점에서는 한복을 살 수 있다. (   )

(2) '나'는 전주에서 파는 초코 빵을 가장 맛있어 했다. (   )

(3) '나'의 가족은 지난 주말에 전주 한옥 마을에 다녀왔다. (   )

📖 **내용 쏙쏙** ◎

⭐ 빈칸에 알맞은 말을 쓰거나 ○표를 하여 이 글의 내용을 정리해 보세요.

간 곳	'나'와 가족은 전주 ❶(아파트, 한옥) 마을에 다녀왔다.
한 일	❷( )을 빌려 입었다.
	❸( )로 만든 장식품을 구경했다.
	먹을 것을 사 먹었다.
느낀 점	전주 한옥 마을에 다음에 또 놀러 오고 싶다.

⭐ **다음 낱말의 뜻을 살펴보고, 빈칸에 따라 쓰세요.**

1 **착각** 어떤 사물이나 사실을 실제와 다르게 잘못 생각하거나 느낌.

> 예 마당에 나무가 많아 꼭 숲인 것 같은 | 착 | 각 | 이 들었어요.

2 **변덕** 이랬다저랬다 잘 변하는 태도나 성질.

> 예 누나는 이랬다저랬다 | 변 | 덕 | 이 죽 끓듯 했어요.

⭐ **다음 그림과 설명에 맞는 낱말을 찾아 선으로 이으세요.**

3 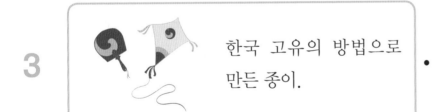 한국 고유의 방법으로 만든 종이. ・　　　・ ㉮ 한옥

4 한국의 전통 옷. ・　　　・ ㉯ 한지

5 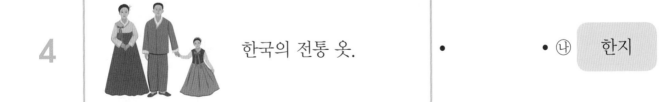 한국의 전통 양식으로 지은 집. ・　　　・ ㉰ 한복

땀, 땀, 땀

날씨가 더워지면 몸에서 땀이 나. 그런데 이 땀이 언제 어디에 나는지, 땀이 무엇으로 이루어져 있는지, 땀이 어떤 일을 하는지 궁금한 적은 없었니? 우리 함께 땀에 대해 알아보자.

땀은 피부에 있는 작은 구멍으로 나온 *액체를 말해. 우리 몸에 송글송글 맺히지. 누구는 머리에 땀이 많이 나기도 하고 코에 땀이 많이 나기도 하고 등에 땀이 흐르기도 해.

땀은 더운 여름에만 나는 것은 아니야. 운동을 할 때 땀이 나기도 하고, 무섭거나 아플 때는 식은땀을 흘리기도 하지. 그리고 긴장을 할 때도 땀을 흘린단다. 많은 사람들 앞에 나가 발표를 할 때 손에 땀이 나는 것처럼 말이야.

땀은 대부분 물로 이루어져 있어. 그래서 땀을 많이 흘리면 몸속에 물이 *부족해져서 쓰러질 수도 있지. 그리고 땀에는 *염분도 조금 들어 있어. 땀이 흘러서 입속에 들어간 적이 있을 거야. 아마 짠맛이 났을 걸? 땀에 염분이 들어 있어서 짠맛이 나는 거란다.

땀은 우리 몸의 온도를 *일정하게 맞춰 주는 고마운 일을 해. 우리 몸이 너무 뜨거워지지 않게 땀이 나와 열을 식혀 주는 거지. 그리고 몸속에 있는 안 좋은 것을 밖으로 내보내 줘. 땀을 흘리면 상쾌한 기분이 드는 까닭은 이 때문이야.

＊액체: 물이나 기름처럼 부피는 있지만 일정한 모양 없이 흐르는 물질.
＊부족해져서: 필요한 양이나 기준에 미치지 못해 충분하지 아니해서.
＊염분: 소금 성분.
＊일정하게: 어떤 것의 양, 성질, 상태, 계획 등이 달라지지 아니하고 한결같게.

1 이 글에서 많이 나오는 낱말을 찾아봐!
무엇에 대한 글인지 쓰세요.

2 다음 중 땀이 나는 경우가 <u>아닌</u> 것을 고르세요. (   )

① 아플 때

② 운동할 때

③ 긴장했을 때

④ 짠 음식을 먹을 때

3 땀이 짠맛이 나는 이유는 무엇인가요? (   )

① 날씨가 더워서

② 땀을 많이 흘려서

③ 땀에 염분이 들어 있어서

④ 대부분 물로 이루어져 있어서

4 땀이 하는 일이 <u>아닌</u> 것은 무엇인가요? (　　　)

① 머리카락을 자라게 한다.

② 우리 몸의 온도를 일정하게 맞춰 준다.

③ 몸이 뜨거워지지 않게 열을 식혀 준다.

④ 우리 몸속에 있는 안 좋은 것을 밖으로 내보내 준다.

5 이 글을 읽고 다음 내용이 맞으면 ○, 틀리면 ✕표 하세요.

(1) 땀은 많이 흘릴수록 좋다.　　　　　　　　　　　　(　　　)

(2) 아플 때도 땀이 날 수 있다.　　　　　　　　　　　(　　　)

(3) 코에 땀이 많이 나는 사람도 있다.　　　　　　　　(　　　)

📖👁 내용 쏙쏙　　　　　　　　　　　　　　　　　　　　　　◎

⭐ 빈칸에 알맞은 말을 넣어 이 글의 내용을 정리해 보세요.

> 땀은 피부에 있는 작은 구멍으로 나온 액체를 말하는 것으로, 더운 여름
> 이나 운동할 때, 무섭거나 아플 때, 긴장할 때 땀이 난다. 우리 몸에서 나
> 는 땀은 대부분 ❶(　　　)로 이루어져 있고 염분도 조금 들어 있다. 땀은 우
> 리 몸의 ❷(　　　　　)를 일정하게 맞춰 주고, 우리 몸속에 있는 안 좋은 것
> 을 밖으로 내보내 주는 일을 한다.

📖 낱말 통통

⭐ 다음 낱말의 뜻을 살펴보고, 빈칸에 따라 쓰세요.

1 | 식은땀 | 무척 놀라거나 긴장할 때 나는 땀, 몸이 아프거나 약해서 나는 땀.

예 언니가 나쁜 꿈을 꿨는지 | 식 | 은 | 땀 | 을 흘리며 괴로워했어요.

2 | 긴장 | 정신을 바짝 차리고 마음을 놓지 않는 것.

예 시험이 끝나자 | 긴 | 장 | 이 풀리고 졸음이 몰려왔어요.

⭐ 다음 문장에 어울리는 낱말을 ○보기○ 에서 찾아 쓰세요.

○ 보기 ○

나다   흐르고   흘러요

3 땀이 [   ] 못해 줄줄 [   ].

4 나도 모르게 눈물이 [   ] 있었어요.

장면 1

종이 타월: 안녕? 나는 종이로 만든 수건이야. 여기서는 사람들이 손을 씻고 나면 나를 한 장씩 뽑아서 닦더라고. 꼬마 숙녀, 손을 깨끗이 씻었구나?

꼬마 숙녀: (쓰윽, 쓰윽, 쓱! 종이 타월 세 장을 뽑아 손을 닦는다.)

종이 타월: 저런, 나를 이렇게 막 뽑아 쓰면 안 돼. 너의 그 조그만 손을 닦는 데 한 장이면 충분하다고!

장면 2

화장지: 나도 부드러운 종이로 만들었어. 지금은 화장실에서 사용하는 두루마리 화장지로 다시 태어났지. 둘둘 말려 있는 나를 매일 많은 사람들이 줄줄이 뽑아 써서 하루가 정말 빨리 돌아가.

할머니: (화장지를 마구 풀어서 주머니에 집어 넣고, 또 풀어서 볼일을 본다.)

화장지: 아, 할머니, 화장지는 쓸 만큼만 푸셔야죠. 공중화장실 화장지도 집에서처럼 아껴 써 주세요!

장면 3

종이 가방: 난 사람들이 쇼핑백이라고도 불러. 나도 아주 큰 종이로 만들어서 색도 칠하고 끈도 달면 물건을 담는 가방이 돼.

아주머니: (종이 가방에 담겨 있던 물건을 꺼내 핸드백에 넣고, 종이 가방은 쓰레기통에 버린다.) 괜히 돈 주고 샀네.

종이 가방: 어머, 그냥 버릴 거면 사지를 말지. 저 대신 장바구니를 사용해 보세요! 환경을 위해 우리 모두가 종이를 아껴 써야 한다고요.

〈종이들의 외침〉 중에서

1   이 글에 나오지 <u>않은</u> 것은 누구인지 고르세요. (   )

① 화장지   ② 종이 타월

③ 종이 상자   ④ 종이 가방

2   다음 등장인물이 사람들에게 한 말로 알맞은 것을 선으로 이으세요.

(1)    •

•㉮ 한 장이면 충분해요.

(2)    •

•㉯ 쓸 만큼만 풀어 쓰세요.

(3) 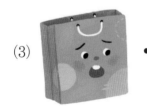   •

•㉰ 장바구니를 사용해 보세요.

3   종이 타월, 화장지, 종이 가방은 모두 무엇으로 만든 것인지 찾아 쓰세요.

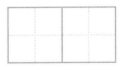

4 이 글에 나온 종이들의 외침으로 알맞은 것은 무엇인가요? (　　　)

① 물을 아껴 쓰자.

② 돈을 아껴 쓰자.

③ 종이를 아껴 쓰자.

④ 전기를 아껴 쓰자.

5 이 글을 읽고 다음 내용이 맞으면 ○, 틀리면 ×표 하세요.

(1) 학교 화장실 휴지도 내 집 화장지처럼 아껴 써야 한다.　　　　(　　　)

(2) 종이 타월을 아끼려면 물 묻은 손은 옷에 닦는 게 좋다.　　　　(　　　)

(3) 비닐 봉투를 사용하면 종이도 아끼고 환경도 보호할 수 있다.　　　(　　　)

📖👀 내용 쏙쏙

⭐ 빈칸에 알맞은 말을 쓰거나 ○표를 하여 이 글의 내용을 정리해 보세요.

　　이 글은 종이로 만들어진 종이 타월, ❶(　　　　　　), 종이 가방들의 이야기를 담고 있다. 공중화장실에서 사람들이 자기들을 낭비하는 모습을 보고 종이 타월은 ❷(한, 여러) 장만 써도 충분하다고 이야기했고, 화장지는 집에서처럼 아껴 써 달라고 말하고 있다. 종이 가방은 환경을 위해 자기 대신 ❸(　　　　　　　)를 추천하는 등 모두가 '종이를 아껴 쓰자'고 외치고 있다.

낱말 통통

★ 다음 낱말의 뜻을 살펴보고, 빈칸에 따라 쓰세요.

1 **충분하다** 모자람이 없이 넉넉하다.

⟨예⟩ 저는 밥 한 그릇이면 | 충 | 분 | 합 | 니 | 다 | .

2 **공중화장실** 여러 사람이 이용하도록 길가나 공원 같은 공공장소에 만들어 놓은 화장실.

⟨예⟩ 많은 사람이 함께 이용하는 | 공 | 중 | 화 | 장 | 실 |을 깨끗하게 사용합시다.

★ 빈칸에 어울리는 낱말을 ○보기○에서 찾아 보세요.

○ **보기** ○

아껴   사고   뽑아

3 할머니의 흰 머리카락을 |　|　| 드렸어요.

4 알뜰장터에서 물건을 |　|　| 팔아요.

5 물 한 방울도 |　|　| 써야 해요.

 모양도 같고, 색깔도 같은 쌍둥이 나뭇잎 2개를 찾아 주세요.

정답 및 해설 15쪽에서 확인하세요.

앗!

[정답 및 해설]이 어디 도망갔다고요?
길벗스쿨 홈페이지에 들어오세요.
도서 자료실에 딱 준비되어 있습니다!

기적의 독해력

실력편

정답 및 해설

P2권

P2 실력편

1 말　2 ④　3 (1) ○　(2) ○　(3) ○
4 ③　5 도도

내용 쏙쏙 ❶ 약하게 ❷ 튼튼하게 ❸ 대회
낱말 통통 3 ㉮ 나갈 4 ㉯ 마

1 럭키는 한스가 키우는 말입니다.

2 럭키는 태어날 때부터 작고 약했다고 했습니다. 그래서 할아버지는 럭키를 경주마로 키우는 것을 일찌감치 포기하셨다고 하였습니다.

3 한스는 럭키를 경주마 대회에 나갈 수 있게 매일 정성껏 돌보았습니다. 먹이를 챙기고, 운동도 시키고, 마구간 청소까지 했습니다.

4 한스가 럭키를 정성껏 돌본 덕분에 럭키는 튼튼하게 자라서 경주마 대회에 나갈 수 있었습니다. 따라서 한스와 럭키가 결국 해낸 것이란 경주마 대회에 나갈 수 있게 된 일입니다.

낱말 통통

3 공통으로 들어갈 말을 찾을 때는 나온 말들을 각각 넣어서 자연스럽게 문장이 이어지는지 살펴봅니다.
　㉮ **나가다** ❶ 안에서 밖으로 이동하다.
　　　　　❷ 운동 경기에 출전하다.
　㉯ **들어가다** ❶ 밖에서 안으로 이동하다.
　　　　　❷ 말이나 글의 내용이 이해되어 머릿속에 남다.

4 모두 '말'을 뜻하는 한자어 '마(馬)' 자가 들어갑니다.
　• **경주마**: 경주에 출전시키는 말.
　• **마구간**: 말을 기르는 곳.

1 (1) ○　2 고맙습니다　3 ④
4 ③　5 하루

내용 쏙쏙 ❶ 이모 ❷ 로봇 ❸ 책가방
낱말 통통 3 와락 4 반짝반짝 5 방방

1 현우는 이모에게 빨간색 로봇이 그려진 책가방을 선물로 받았습니다.

2 현우가 이모에게 선물을 받고 나서 했을 인사말은 '고맙습니다.'입니다. '감사합니다.'와 그 뜻은 같습니다.

3~4 선물을 준 이모나 선물을 받은 현우 모두 기뻤을 것입니다. 현우는 로봇 책가방을 멜 생각에 초등학교 입학식이 기다려진다고 했던 것으로 보아 설레는 마음도 느껴집니다.

5 이모가 준비한 책가방은 현우의 입학 선물입니다.

낱말 통통

3~5 빈칸 아래 뜻을 읽고, 어울리는 말을 찾아 씁니다.
　• **와락**: 갑자기 행동하는 모양.
　• **반짝반짝**: 작은 빛이 잠깐 잇따라 나타났다가 사라지는 모양.
　• **방방**: 계속해서 공중으로 뛰는 모양.

1 동물 똥   2 ②   3 ①

4 1 - 4 - 3 - 2   5 강

내용 쏙쏙 ❶ 거름   ❷ 땔감   ❸ 종이

낱말 통통 3 ㉮ 부족   4 ㉯ 지폈어요

1 이 글은 나라마다 다양한 동물 똥의 쓰임새에 대하여 설명한 글입니다.

2 동물 똥 중에서도 영양이 풍부한 말똥을 거름으로 많이 쓴다고 했습니다.

3 몽골 사람들은 소똥을 땔감으로 사용한다고 하였습니다.

4 코끼리 똥으로 종이를 만들 때는 우선 ㉮코끼리 똥을 모아서 ㉱물에 풀어지게 합니다. 그런 다음 ㉰체로 걸러 섬유질을 모읍니다. ㉯모인 섬유질을 얇게 펴 말려서 종이를 만듭니다.

5 이 글에서는 강아지 똥을 이용하여 종이를 만들었다는 내용은 설명하지 않았으므로 하루의 말은 알맞지 않습니다.

낱말 통통

3 나무가 많지 않다고 했으니까 땔감 역시 넉넉하지 않았다고 하는 게 문맥상 어울립니다.
- **부족**: 필요한 양이나 기준에 모자라거나 넉넉하지 않음.
- **만족**: 모자람이 없이 넉넉함.

4 땔감으로 불을 붙인다는 뜻의 '지폈어요'가 어울립니다.
- **지피다**: 아궁이나 화로 등에 땔감을 넣어 불을 붙이다.
- **끄다**: 타는 불을 못 타게 하다.

1 ④   2 (2) ○   3 ①

4 ①, ③   5 로아

내용 쏙쏙 ❶ 0   ❷ 누나   ❸ 검은

낱말 통통 3 티격태격   4 으쓱으쓱

1 이 글은 '나'인 김준겸이 자기를 소개하는 글입니다. 아직 초등학교에 들어가지 않았으면 0학년이라고 하면서 소개하고 있습니다.

2 두 살 많은 누나가 있는데, '나'에게 심부름을 많이 시킨다고 했습니다. ㉠은 심부름시킬 때 자주 나오는 말입니다.

3 '나'는 태권도 할 때가 제일 재미있다고 하였습니다.

4 '나'는 태권도를 더 열심히 연습해서 검은 띠도 따고, 누나보다 키도 더 크길 바라고 있습니다.

5 이 글에서 '내'가 아빠의 직업을 소개한 부분은 없습니다.

낱말 통통

3 싸우는 모양을 흉내 낸 말을 찾습니다.
- **티격태격**: 서로 뜻이 맞지 않아 옳고 그름을 따지며 가리는 모양.

4 무엇인가 뜻한 바를 이루어 스스로 만족스럽거나 흐뭇할 때 어깨가 으쓱으쓱한다고 표현합니다.
- **으쓱으쓱**: 어깨를 자꾸 올렸다 내렸다 하며 뽐내는 모양.

1 ①　　2 (1) ④　(2) ㉮　　3 사르륵 사르륵

4 ②　　5 도도

내용 쏙쏙　❶ 비　❷ 새싹

낱말 통통　4 봄비　5 속삭이고

1 제목에서도 알 수 있듯이 이른 봄에 쓴 시입니다.

2 '여보세요? 계셔요?' 하고 묻는 것은 봄비이고, '누구세요? 나가요.' 하고 답한 것은 새싹입니다.

자세하게

이 시는 봄비와 새싹의 모습을 사람처럼 표현하고 있습니다. 봄비가 내릴 때 조용히 속삭이는 모습과 땅속에서 새싹이 돋아날 때를 상상해 보세요.

3 '사르륵 사르륵'은 '물건이 조금씩 쓸리면서 가볍게 나는 소리. 또는 그 모양.'을 뜻하는데, 이 시에서는 봄비가 조용히 내리는 소리나 모양을 표현하였습니다.

4 이 시를 읽으면 봄비가 조용히 내리는 들판에서 새싹이 땅 위로 돋아나는 장면이 떠오릅니다.

5 이 시는 봄비가 내리는 들의 고요하고 평화로운 분위기를 나타내고 있습니다.

낱말 통통

4~5 소리 나는 대로 읽은 다음, 낱말이 시에서는 어떻게 쓰였는지 알맞은 표현을 찾아 씁니다.

• **봄비**[봄삐] 봄철에 오는 비. 특히 조용히 가늘게 오는 비를 이른다.

• **속삭이다**[속싸기다] 남이 알아듣지 못하도록 나지막한 목소리로 가만가만 이야기하다.

1 여우, 두루미　　2 (1) ㉮　(2) ㉯　　3 ②

4 ②　　5 (1) 예　(2) 아니요　(3) 예

내용 쏙쏙　❶ 접시　❷ 구경

낱말 통통　3 평평한　4 뾰족한

1 이 글에 등장하는 인물은 여우와 두루미입니다.

2 이 글이 일어난 때는 여우의 생일이고, 장소는 여우네 집입니다.

3 여우는 자신의 생일에 두루미를 집에 초대하였고, 평평한 접시에 수프를 담아 내왔습니다.

4 두루미는 여우가 자신의 수프까지 모두 먹어서 화나고, 짜증 나고, 당황스러웠을 것입니다. 두루미의 뾰족한 부리를 생각하지 않고 평평한 그릇을 준비한 여우에게 미안한 마음을 느끼는 것은 알맞지 않습니다.

5 (2) 여우는 수프를 못 먹는 두루미를 보고는 자신이 대신 먹어 주겠다며 두루미의 수프까지 모두 먹었습니다.

낱말 통통

3 그림처럼 바닥이 높낮이가 없고 넓게 퍼져 있는 상태의 접시는 '평평한'이 어울립니다.

4 신발의 맨 앞쪽 끝이 가늘고 날카롭게 나와 있으므로 '뾰족한'이 어울립니다.

7 DAY

38~41쪽

1 (2) ○ (3) ○ 2 ② 3 ④
4 ① 5 (1) 아니요 (2) 예 (3) 아니요

내용 쏙쏙 ❶ 동생 ❷ 밥 ❸ 입
낱말 통통 4 할머니 5 숟가락

1 이 시에는 세 살배기 내 동생에게 밥을 떠먹이시는 할머니가 나옵니다.

2 '할머니도/ 아-/아-/입을 크게 벌리지요.'에서 할머니의 모습이 그려집니다.

3 내 동생에게 밥을 먹이실 때 할머니는 입에 아무것도 넣지 않고 입을 크게 벌리기도 하고, 내 동생을 따라 입을 우물우물한다고도 했습니다.

4 내 동생의 입 모양을 따라 하는 할머니의 모습이 재미있게 그려진 시이므로 '할머니는 따라쟁이'로 시의 제목을 바꾸는 것이 어울립니다.

자세하게
-쟁이: '그 속성을 많이 가진 사람' 또는 '그 일을 주로 하는 사람'의 뜻을 더하는 말로 개구쟁이, 고집쟁이, 욕심쟁이 등으로 쓰입니다. '따라쟁이'는 국어사전에는 나오지 않지만, '따라하다'라는 말에 '쟁이'를 붙여 '따라하는 사람'이라는 뜻으로 쓸 수 있습니다.

낱말 통통

4~5 서로 짝을 이루는 낱말들이 있습니다. 그림과 함께 시에 나오는 낱말을 찾아 써 봅니다.
• 할머니 – 할아버지
• 숟가락 – 젓가락

8 DAY

42~45쪽

1 (3) ✕ 2 코, 냄새 3 (1) ㉯ (2) ㉮
4 ④ 5 (1) 예 (2) 아니요 (3) 아니요

내용 쏙쏙 ❶ 개 ❷ 장애인 ❸ 썰매견
낱말 통통 4 ㉰ 5 ㉮ 6 ㉯

1 이 글에는 애완견에 대한 설명은 나오지 않습니다.

2 수색견은 뛰어난 후각을 가졌다고 했습니다. 후각이란 코로 냄새를 맡는 감각입니다.

3 안내견은 장애인의 눈과 귀가 되어 길을 안내해 주고, 썰매견은 사람들이 짐을 나르거나 이동하는 것을 돕습니다.

4 이 글은 수색견, 안내견, 썰매견을 예로 들어 사람을 도와주는 개에 대해 설명하였습니다.

5 (2) 뛰어난 후각으로 사람을 찾는 것은 수색견에 대한 설명입니다.
(3) 개들에게 힘든 일을 시키는 사람이 많다는 내용은 이 글에 나오지 않습니다.

낱말 통통

4 **후각**(嗅 맡을 후, 覺 깨달을 각): 코로 냄새를 맡는 감각.

5 **시각**(視 볼 시, 覺 깨달을 각): 눈으로 대상을 보는 감각.

6 **청각**(聽 들을 청, 覺 깨달을 각): 귀로 소리를 듣는 감각.

1 ④   2 ④   3 (1) 3 (2) 3   4 검은 점

5 (1) 예 (2) 아니요 (3) 아니요

내용 쏙쏙 ❶ 바나나 ❷ 우유

낱말 통통 ❸ 갈아 ❹ 잘라

1 이 글은 바나나 우유를 만드는 방법을 알려 주는 레시피입니다.

2 바나나 우유 만들기 재료를 살펴보면 바나나, 우유, 꿀, 얼음이 필요합니다. 땅콩은 필요하지 않습니다.

3 아이 1명이 먹을 바나나 우유를 만들려면 바나나 1개, 우유 1컵(200ml)이 필요합니다. 따라서 아이 3명이 먹을 바나나 우유를 만들려면 바나나 3개, 우유 3컵(600ml)이 필요합니다.

4 마지막 문장에서 검은 점이 생긴 바나나를 사용하면, 꿀을 넣지 않아도 충분히 단맛이 난다고 했습니다.

5 (2) 바나나는 껍질을 벗겨 한 입 크기로 잘라 줍니다.
(3) 믹서에 바나나와 우유, 꿀 1작은술, 얼음을 함께 넣고 갈아 줍니다.

낱말 통통

3 '갈다'를 문장에 맞게 쓰려면, '갈아'라고 써야 합니다.
• **갈다**: 곡식, 과일 들을 단단한 것으로 문질러 으깨다.

4 '자르다'를 문장에 맞게 쓰려면 '잘라'라고 써야 합니다.
• **자르다**: 짤막하게 조각을 내거나 끊어 내다.

1 ①   2 (1) ○ (2) ○ (3) ○   3 ③   4 ②

5 (1) 아니요 (2) 아니요 (3) 예

내용 쏙쏙 ❶ 소원 ❷ 화해 ❸ 지니

낱말 통통 ❸ 대답 ❹ 없다

1 글쓴이는 오늘 영화 〈알라딘〉을 봤다고 하였습니다.

2 글쓴이는 주말에 치킨을 먹고 싶고, 수영을 잘하고 싶고, 짝꿍 민지랑 화해를 하고 싶다는 소원을 생각했습니다.

3 영화에서 지니는 알라딘의 소원을 들어주었습니다. 하지만 알라딘이 바라는 대로 모든 일이 이루어진 것은 아니라고 했습니다.

4 이 글에서 글쓴이는 자기가 직접 지니가 되어 보겠다고 하면서, 수영도 열심히 연습하고, 민지에게 먼저 사과도 하며, 아빠 앞에서 '치킨 먹고 싶어요' 노래를 만들어 불러보겠다고 했습니다.

5 (1) 글쓴이는 〈알라딘〉을 보고 자신의 소원을 생각한 것이지 소원을 이룬 것은 아닙니다.
(2) 글쓴이는 세상에 지니처럼 소원을 들어주는 요정은 없다고 생각합니다.

낱말 통통

3~4 뜻이 서로 반대되는 낱말을 찾습니다.
• **질문**: 알고자 하는 바를 얻기 위해 물음. 𝔹 대답
• **있다**: 사람이나 동물이 어느 곳에서 떠나거나 벗어나지 아니하고 머물다. 𝔹 없다

DAY

1 달리기 2 ④ 3 (1) ✕ (2) ✕ (3) ○
4 (1) ④ (2) ㉮ 5 로아

내용 쏙쏙 ❶ 달리기 ❷ 최선
낱말 통통 ❸ 출발선 ❹ 결승선

1 이 일기는 글쓴이가 운동회에서 달리기를 한 일
  을 쓴 것입니다.

2 글쓴이는 달리기를 잘 못하기 때문에 달리기를
  해야 하는 운동회가 싫었습니다.

3 (1)처럼 달리기를 하다가 글쓴이가 넘어졌다는 내
  용은 이 글에 나오지 않습니다.

4 글쓴이는 달리기 출발선에 섰을 때는 가슴이 두
  근거렸고, 2등으로 결승선에 도착했을 때는 깜짝
  놀랐다고 했습니다.

5 글쓴이는 달리기에서 2등을 하고서는 앞으로 하
  기 싫은 일도 최선을 다할 거라고 다짐했습니다.

낱말 통통

3~4 그림 속 화살표는 달리기 경주에서 볼 수 있는
  출발선과 결승선을 가리키고 있습니다.
  • **출발선**: 경주할 때 출발점으로 그어 놓은 선.
  • **결승선**: 달리기 따위에서, 결승을 판가름하는 장
    소에 가로로 치거나 그은 선.
  • **중앙선**: 한가운데를 지나가는 선.

 DAY

1 ② 2 호랑이 3 (1) ○ (2) ✕ (3) ○
4 ① 5 도도

내용 쏙쏙 ❶ 밥벌레 ❷ 호랑이 ❸ 물똥
낱말 통통 ❹ 부리나케

1 이 전래 동화에 등장하는 총각은 밥만 많이 먹고
  놀기만 해서 사람들이 '밥벌레 장군'이라고 불렀
  습니다.

2 과부는 밥벌레 장군에게 남편을 죽인 호랑이를
  잡아 달라고 하였습니다.

3 장군의 부모님은 밥벌레 장군에게 세상에 나가
  네 힘으로 살아 보라고 하셨습니다.

4 막상 호랑이를 잡으러 갔을 때 겁에 질린 모습에
  서 밥벌레 장군은 호랑이가 나타날까 봐 무서워
  하는 것을 알 수 있습니다.

5 밥벌레 장군이 호랑이를 잡긴 했으나 용감히 맞
  서 잡은 것은 아닙니다. 도도의 말처럼 물똥을 싸
  서 호랑이가 죽게 되었으니 운이 좋았다고 할 수
  있습니다.

낱말 통통

4 '서둘러서 아주 급하게.'라는 뜻을 가진 '부리나케'
  를 '불이나케'로 잘못 썼습니다.

1 ③ 2 ② 3 2 - 1 - 4 - 3
4 ① 5 로아

내용 쏙쏙 ❶ 별똥별 ❷ 먼지 ❸ 추워졌고

낱말 통통 4 ㉰ 5 ㉯ 6 ㉮

1~2 이 글은 공룡이 멸종된 여러 가지 이유 중에도 우주에서 지구로 떨어진 별똥별 때문이라는 의견에 대해 설명하고 있습니다.

3 지구에 별똥별이 떨어져 부딪치자 ㉯ 지구에 엄청난 먼지가 일어났고, ㉮ 이 먼지는 해를 가렸습니다. ㉱ 햇빛을 받지 못한 지구는 추워졌고, ㉰ 공룡은 이 추위를 견디지 못해서 얼어 죽거나 굶어 죽게 되었습니다.

4 빈칸의 앞에는 지구가 추워져서 동물이나 식물이 견딜 수 없었다는 내용이 나오고, 뒤에는 그래서 공룡이 사라지게 되었다는 내용이 나오므로 빈칸에는 '결국'이 들어가야 어울립니다.

자세하게

결국: 일의 마무리에 이르러서. 또는 일의 결과가 그렇게 돌아가게.

5 이 글에서는 공룡이 어떻게 생겨났는지는 설명하지 않았습니다.

낱말 통통

4~6 서로 반대되는 뜻을 가진 낱말을 이어 줍니다.
• **살다:** 생명을 지니고 있다. ⓑ 죽다
• **멀다:** 시간적으로 사이가 길거나 오래다. ⓑ 가깝다
• **춥다:** 대기의 온도가 낮다. ⓑ 덥다

---

14 DAY

68~71쪽

1 ⑶ ○ 2 ① 3 ① 4 ⑶ ○ 5 강

내용 쏙쏙 ❶ 월요일 ❷ 소중히 ❸ 음식물

낱말 통통 4 대출 5 반납

1 이 글은 어린이 도서관 이용 안내문입니다.

자세하게

안내문은 어떤 내용을 설명해 주는 글로, 이용 안내문은 어떤 시설이나 장소에 그곳을 이용할 때 알고 있어야 할 사항들을 설명해 주고 있습니다.

2 어린이 도서관 휴관일은 '월요일과 공휴일'이라고 나옵니다. 따라서 월요일과 공휴일에는 도서관을 이용할 수 없습니다.

3 주의 사항 중에서 책을 소중히 다루고, 낙서하거나 훼손하지 않아야 한다고 했습니다. 따라서 책에 그림을 그리는 것은 해서는 안 되는 행동입니다.

4 ⑴ 도서 대출은 1인당 5권이므로 주연이는 10권을 한 번에 빌릴 수 없습니다.
⑵ 어린이 도서관은 오후 5시까지 이용할 수 있으므로 지우도 너무 늦게 간 것입니다.

낱말 통통

4~5 현주와 엄마의 대화 속에서 빌린 책을 반납하고 다른 책을 빌려 볼 거라는 사실을 알 수 있습니다. 따라서 빈칸에는 '대출'과 '반납'이란 낱말이 어울립니다.
• **대화:** 마주 대하여 이야기를 주고받음. 또는 그 이야기.

DAY

1 ③   2 공   3 ②   4 ③   5 하루

내용 쏙쏙 ❶ 깨끗한 ❷ 여러 ❸ 쓰레기

낱말 통통 4 ㉯ 5 ㉮

1 글쓴이는 깨끗한 놀이터가 되길 바라는 마음에서 이와 같은 글을 쓴 것입니다.

2 이 글에 공이 버려져 있다는 내용은 없었습니다.

3 깨끗한 놀이터를 만들면 친구와 사이가 멀어진다는 것은 글쓴이의 생각과 맞지 않는 까닭입니다.

4 '눈살을 찌푸리다'는 마음에 들지않아 두 눈썹 사이를 찡그리는 것을 나타냅니다.

5 글쓴이는 놀이터에 쓰레기통을 놓아 달라고 하지 않았습니다.

낱말 통통

4~5 빈칸 아래 뜻을 확인하고, 어울리는 낱말을 이어 봅니다.

• **반드시**: 틀림없이 꼭.

• **나뒹굴다**: 사물이 여기저기 어지럽게 흩어져 돌아다니다.

 DAY

1 ④   2 (1) 백 (2) 흑 (3) 흑 (4) 백   3 (2) ○

4 ④   5 하루

내용 쏙쏙 ❶ 조수 ❷ 까만 토끼 ❸ 빵

낱말 통통 3 ㉯ 4 ㉮ 5 ㉰

1 백곰은 혼자서 빵을 만들고, 팔고 하루 종일 바빠서 혼자서는 힘들겠다고 생각했습니다. 그래서 빵을 같이 만들 조수를 뽑기로 했습니다.

2 백곰은 부드럼 빵집의 제빵사이면서 하루 종일 빵을 만들고 파느라 바쁩니다. 까만 토끼는 가늘고 작은 손을 가졌으며 부드럼 빵집의 조수로 합격했습니다.

3 백곰은 까만 토끼가 만든 빵을 먹은 후에 맛있어서 깜짝 놀랐습니다. 따라서 밝게 웃는 모습이 백곰의 표정으로 어울립니다.

4~5 까만 토끼가 만든 빵이 울퉁불퉁하고 못생겨서 맛을 의심했던 백곰이 그 맛에 감동하여 까만 토끼를 조수로 합격시켰던 것으로 보아 백곰과 까만 토끼는 이후에 함께 빵을 맛있게 만들어 팔았을 것입니다.

낱말 통통

3~5 빈칸의 앞뒤 내용을 잘 살펴서 어울리는 낱말을 이어 봅니다.

• **조심스럽다**: 잘못이나 실수가 없도록 말이나 행동에 마음을 쓰는 태도가 있다.

• **퉁명스럽다**: 마음에 들지 않아서 말이나 태도에 무뚝뚝한 데가 있다.

• **바쁘다**: 할 일이 많거나 시간이 없어서 다른 것을 할 여유가 없다.

1 ① 2 ㉲ 3 ③ 4 ①, ② 5 로아

내용 쏙쏙 ❶ 층간 소음 ❷ 편지

낱말 통통 3 ㉮ 4 ㉯

1 이 글은 20○○년 9월 3일에 602호에 사는 유미가 502호에 사시는 아줌마, 아저씨께 보내는 편지로, 층간 소음을 일으켜 죄송했다는 내용을 담고 있습니다.

자세하게

편지는 안부, 소식 등을 상대방에게 전달하기 위해 대화하듯이 쓰는 글을 말합니다. 편지는 '받는 사람 → 첫 인사 → 하고 싶은 말 → 끝인사 → 쓴 날짜 → 쓴 사람'의 순서대로 써요.

2 그림에서 유미네 집을 기준으로 바로 아래층이 502호입니다.

3 밤늦게 피아노를 치기도 했고, 동생과 술래잡기를 하면서 쿵쾅거린 적도 있었다고 했습니다.

4 유미는 502호에 사시는 아줌마, 아저씨께 그동안 자신과 동생이 층간 소음을 일으켜 죄송했다는 마음과 이해해 주신 것에 대해 감사한 마음을 담아 편지를 쓴 것입니다.

5 층간 소음으로 여러 사람들이 불편할 수 있을 거라는 생각을 할 수 있습니다.

낱말 통통

3~4 한 글자씩 넣어서 낱말이 되는지 살펴봅니다.

• 음(音 소리 음): 소음, 음악, 음치 등 모두 소리를 뜻하는 '음'이 들어갑니다.

• 간(間 사이 간): 층간, 중간, 간격 등 모두 사이를 뜻하는 '간'이 들어갑니다.

1 ① 2 (1) ㉯ (2) ㉮ 3 ①, ②

4 (3) ✕ 5 도도

내용 쏙쏙 ❶ 축구 ❷ 골키퍼 ❸ 반칙이다.

낱말 통통 3 ㉮ 4 ㉯

1 축구는 축구공과 공터만 있으면 누구나 쉽게 즐길 수 있습니다.

2 골키퍼는 온몸을 사용하여 골을 막고, 그 외 선수들은 발과 머리를 사용하여 공을 차거나 몰고 다닙니다.

3 심판은 누가 반칙을 하는지, 어느 팀의 공인지 등을 알려 줍니다.

4 상대방을 밀거나 발을 걸어 넘어뜨렸을 때 반칙이 선언됩니다.

5 축구는 전 세계적으로 인기 있는 운동 경기이며, 규칙이 비교적 간단하여 누구나 쉽게 즐길 수 있다고 했습니다. 실제 경기에서는 주심 1명과 부심 2명, 대기심 1명이 심판으로 뜁니다.

낱말 통통

3~4 빈칸에 공통으로 들어가는 글자를 찾습니다.

• 구(球 공 구): 축구, 농구, 야구 모두 공을 갖고 하는 경기입니다.

• 칙(則 법 칙): 규칙은 '여러 사람이 다 같이 지키기로 작정한 법칙.'이고, 반칙은 규칙을 어기는 것을 말합니다.

19 DAY 90~93쪽

1 세배 2 1 - 3 - 2 3 ②
4 (1) ④ (2) ㉮ 5 하루

내용 쏙쏙 ❶ 다르다 ❷ 왼손 ❸ 어깨

낱말 통통 3 ㉰ 4 ㉮ 5 ㉯ 6 ㉣

1 설날 아침에 어른들께 하는 첫인사를 세배라고 합니다.

2 남자가 세배하는 방법을 순서대로 정리합니다. 왼손이 위로 가게 손을 포개고, 눈높이로 올렸다가 내리면서 바닥을 짚으며 엎드립니다. 일어나 손을 눈높이에 올렸다가 배꼽까지 내린 다음 가볍게 고개를 숙여 인사합니다.

3 여자가 세배를 할 때는 오른손을 왼손 위에 포개어 어깨 높이만큼 올려야 합니다.

4 '새해 복 많이 받으세요.'는 세배를 올리는 사람이 하는 인사말이고, '건강하렴.'과 같은 덕담은 세배를 받는 어른이 하는 인사말입니다.

5 세배할 때, 손을 포개는 방법에서부터 남자와 여자가 다르다는 사실을 알려 주고 있습니다. 세배를 받은 어른이 덕담과 함께 세뱃돈을 주시기도 합니다.

낱말 통통

3~6 제시된 낱말과 반대의 뜻을 가진 낱말을 찾아 이어 봅니다.
- 남자 ↔ 여자
- 앉다 ↔ 서다
- 올리다 ↔ 내리다
- 다르다 ↔ 같다

20 DAY 94~97쪽

1 소장님 2 ② 3 ③ 4 (2) ○ 5 강

내용 쏙쏙 ❶ 유기견 ❷ 반려동물

낱말 통통 3 ㉯ 4 ㉮ 5 ㉰

1 이 글에 나오는 '나'는 유기견 쿠쿠로, 치와와입니다.

2 유기견은 주인이 돌보지 않고 버려진 강아지나 개를 뜻하는 말입니다.

3 쿠쿠를 유기견 보호소에 데리고 온 것이 소장님인지는 알 수 없지만, 쿠쿠는 자기를 돌봐 주는 소장님을 따뜻한 분이라고 하였습니다.

4 책임감을 갖고 반려동물을 키울 사람이어야 하는데, 개털 알레르기로 강아지를 버린 적이 있는 철민이는 반려동물을 키우기 어려울 것입니다.

5 쿠쿠는 반려동물을 키우기 전에 신중하게 잘 생각하자고 부탁하고 있습니다.

낱말 통통

3~5 '버리다'의 여러 가지 형태를 알고, 문장에 어울리는 낱말을 이어 봅니다.
- **버리다**: 가지거나 지니고 있을 필요가 없는 물건을 내던지거나 쏟거나 하다.

1 (2) ✕ 2 ③ 3 ② 4 ③ 5 도도

내용 쏙쏙 ❶ 가난한 ❷ 구두 ❸ 선물했다

낱말 통통 3 개 4 벌 5 명 6 켤레

1 이 글에는 구두장이 할아버지와 할머니, 요정이 나옵니다.

2 구두장이 할아버지 가게에 누군가 밤새 구두를 만들어 놓고 가는 일이 벌어졌습니다.

3 벌거숭이 요정 둘이 구두를 만드는 모습을 보고 할아버지 할머니는 놀랍기도 하고 고맙기도 했습니다.

4 요정이 가난한 할아버지 할머니를 몰래 돕고, 할아버지와 할머니가 감사한 마음에 요정들에게 선물을 준비하는 모습에서 따뜻하고 행복한 분위기를 느낄 수 있습니다.

5 요정들이 할아버지 가게에서 구두를 만든 것은 맞지만 할머니가 부탁해서 한 것은 아닙니다.

낱말 통통

3~6 물건의 개수를 세는 말을 찾아 써 봅니다.
 • **개**: 낱으로 떨어진 물건을 세는 단위.
  예 모자 다섯 개
 • **벌**: 옷을 세는 단위.
  예 외투 두 벌
 • **명**: 사람을 세는 단위.
  예 남자 한 명
 • **켤레**: 신, 양말, 버선, 방망이 따위의 짝이 되는 두 개를 한 벌로 세는 단위.
  예 운동화 두 켤레

1 ① 2 ④ 3 ③ 4 ① 5 로아

내용 쏙쏙 ❶ 멧돼지 ❷ 라디오 ❸ 고구마

낱말 통통 3 켰다 4 데리고 5 막았다

1 멧돼지를 막으려고 고구마밭에 라디오를 켠 것은 아빠였습니다.

2 '심심한 멧돼지가 / 라디오를 들으려고 / 친구까지 데리고 왔어요.'라는 부분에서 말하는 이의 생각을 알 수 있습니다.

3 멧돼지는 친구까지 데리고 와서 밭의 고구마를 몽땅 먹어 버렸습니다.

4 '먹어 버렸어요.'와 바꾸어 써도 뜻이 바뀌지 않는 말은 '먹어 치웠어요.'입니다.

5 시의 내용에 따라 멧돼지들이 고구마를 먹어 치우는 장면이나 아빠가 라디오를 고구마밭에 설치하는 장면이 어울립니다.

낱말 통통

3~5 문장에 어울리는 낱말을 찾아 써 봅니다.
 • **켜다**: 전기나 동력이 통하게 하여, 전기 제품 따위를 작동하게 만들다.
 • **데리다**: 아랫사람이나 동물 따위를 자기 몸 가까이 있게 하다.
 • **막다**: 외부의 공격이나 침입 따위에 버티어 지키다.

1 전주 한옥 마을   2 (2) ○   3 ④   4 ①
5 (1) ×   (2) ○   (3) ○

내용 쏙쏙 ❶ 한옥 ❷ 한복 ❸ 한지
낱말 통통 3 ④   4 ⓐ   5 ㉮

1 이 글에서 글쓴이의 가족은 전주 한옥 마을에 다녀왔습니다.

자세하게
이렇게 어디를 다녀와서 쓴 글을 '기행문'이라고 합니다. 기행문에는 언제 어디에 갔는지, 그곳에서 보고 듣고, 겪은 일 등이 드러나 있고, 느끼거나 생각한 점도 알 수 있습니다.

2 글쓴이의 가족은 가장 먼저 한복을 빌려 입었습니다.

3 전주 한옥 마을에서 알록달록 한복, 멋스러운 한옥, 한지로 만든 장식품 등을 보았다는 이야기는 나오지만 한복을 입은 외국인을 봤다는 내용은 나오지 않습니다.

4 한옥 사이로 한복을 입은 사람들이 오가는 모습을 보고 꼭 옛날로 돌아간 것 같은 착각이 들었다고 했습니다.

5 대여점은 돈을 받고 물건을 빌려 주는 곳으로, 한복 대여점에서 한복을 파는지는 알 수 없습니다.

낱말 통통

3~5 그림과 함께 제시된 낱말의 의미를 확인하여 알맞은 낱말을 이어 봅니다.
• **한지**: 한국 고유의 방법으로 만든 종이.
• **한복**: 한국의 전통 옷.
• **한옥**: 한국의 전통 양식으로 지은 집.

1 땀   2 ④   3 ③   4 ①
5 (1) ×   (2) ○   (3) ○

내용 쏙쏙 ❶ 물 ❷ 온도
낱말 통통 3 나다, 흘러요   4 흐르고

1 이 글은 땀에 대해서 설명하는 글입니다.

2 땀은 더울 때, 운동할 때, 무섭거나 아플 때, 긴장했을 때 나는데, 짠 음식을 먹고 땀이 난다는 내용은 없습니다.

3 땀은 대부분 물로 이루어져 있는데, 염분도 조금 들어 있어서 짠맛이 난다고 했습니다.

4 땀이 머리카락을 자라게 한다는 내용은 이 글에 나오지 않습니다.

5 (1) 땀을 많이 흘리면 몸속에 물이 부족해져서 쓰러질 수도 있다고 하였으므로, 땀은 많이 흘릴수록 좋다고 한 것은 옳지 않습니다.

낱말 통통

3~4 '나다'와 '흐르다'를 문장의 앞뒤 내용을 살펴 알맞게 써 넣어 봅니다.
• **나다**: 신체에서 땀, 피, 눈물 따위의 액체 성분이 흐르다.
• **흐르다**: 피, 땀, 눈물 따위가 몸 밖으로 넘쳐서 떨어지다.

25 DAY

1 ③　**2** (1) ㉯ (2) ㉮ (3) ㉰　**3** 종이

4 ③　**5** (1) ○ (2) ✕ (3) ✕

내용 쏙쏙 ❶ 화장지 ❷ 한 ❸ 장바구니

낱말 통통 3 뽑아 4 사고 5 아껴

1　이 글에 종이 상자는 나오지 않습니다.

자세하게

이 글은 역할극을 기반으로 한 희곡의 일부분으로, 여러 가지 형태로 만들어진 종이들이 자기들을 아껴서 사용해 달라고 사람들에게 말하는 내용을 담고 있습니다.

2　공중화장실에서 사람들이 자기들을 낭비하는 모습을 보고 화장지는 집에서처럼 아껴 써 달라고 말하고, 종이 타월은 한 장만 써도 충분하다고 이야기하고 있습니다. 종이 가방는 자기 대신 환경 보호를 위해 장바구니를 추천했습니다.

3　종이 타월, 화장지, 종이 가방 모두 여러 가지 형태의 종이로 만들어졌다고 했습니다.

4　종이 타월, 화장지, 종이 가방은 모두 '종이를 아껴 쓰자'고 외치고 있습니다.

5　종이 타월을 아끼려고 옷에 닦는 것보다 한 장만 사용하고, 비닐 봉투 역시 환경을 위해 사용하지 않는 것이 좋습니다. 종이 가방 대신 장바구니를 쓰는 것이 종이를 아끼고 환경을 보호하는 일입니다.

낱말 통통

3~5　빈칸에 어울리는 낱말을 보기에서 찾아 써 봅니다.

- **뽑다**: 박힌 것을 잡아당기어 빼내다.
- **아끼다**: 물건이나 돈, 시간 따위를 함부로 쓰지 아니하다.
- **사다**: 값을 치르고 어떤 물건이나 권리를 자기 것으로 만들다.

32쪽

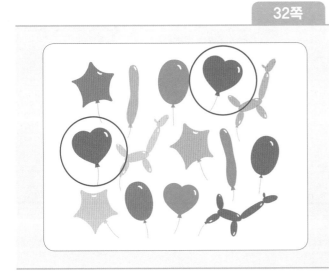

54쪽

76쪽

98쪽

120쪽

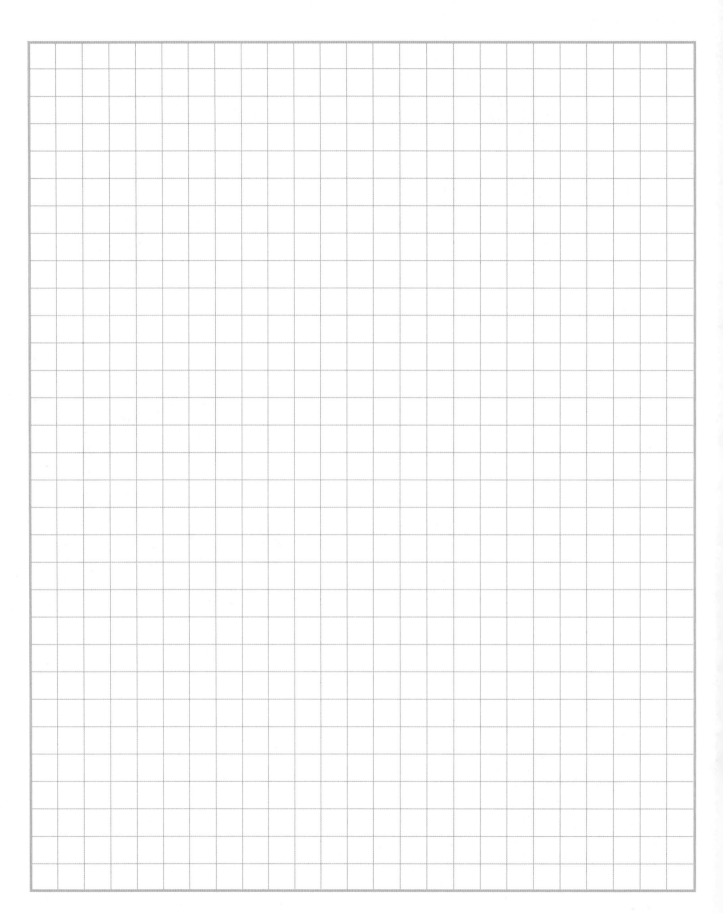

길벗스쿨

길벗스쿨

기적의 학습서
오늘도 한 뼘 자랐습니다.

기적의 공부방에서 함께 공부해요!

길벗스쿨 공식 카페 〈기적의 공부방〉
http://cafe.naver.com/gilbutschool

★지금 가입하면 누릴 수 있는 3가지!

1 꾸준한 학습이 가능해요!

- 스케줄 관리를 통해 책 한 권을 끝낼 수 있는 **학습단**에 참여해 보세요!
- 도서 관련 **학습 자료**와 **선배 엄마들의 노하우**를 확인할 수 있어요!
- 궁금한 것이 있다면 **Q&A 서비스**를 통해 카페지기와 선배 엄마들의 답변을 들을 수 있어요!

2 책 기획 과정에 참여해요!

- **독자기획단**을 통해 전문 편집자와 함께 아이템 선정부터 책의 목차, 책의 구성 등을 함께 만들어가요!
- 출간 전 도서를 체험해 보는 **베타테스트**를 통해 도서의 장/단점을 파악하여 더 나은 도서를 만드는 데 기여해요!

3 재미와 선물이 팡팡 터져요!

- 매일 새로운 주제로 엄마들과 **댓글 이야기**를 나누고 간식도 받아요!
- 매주 카페 **활동왕**을 선정하여 푸짐한 상품을 드려요!
- 사진 콘테스트 등 매번 색다른 **친목 이벤트**로 재미와 선물을 동시에 잡아요!

기적의 공부방은 엄마표 학습을 응원합니다!